JN045801

常識を覆す
IAメソッド
英語速習法

# 英語を話す人になる!

川村悦郎
Etsuro Kawamura

2

## ひっくり返せば、英語は話せる

逆転モードを知ろう!

ヒカルランド

# まえがき

前著、『英語は肉、日本語は米』は、この「英語を話す人になる！」シリーズの第１作でした。１作目では、英語を話すときの「心のもち方」をどう変えるか、つまり、英語を話すときの「気分」の切り換え方を説明しました。英語を話すには、話すときの「気分」を、完全にアメリカ流に変えてしまう必要があります。本書を手に取ってくれた方は、きっとそれを述べた１冊目への賛同からこの２冊目にも興味をもってくださったのではないかと想像します。

仮にそうでなかったとしても、本書の前に１作目があったことを知っていただければうれしいです。

さて、２冊目のテーマですが、本書では日本語と英語が**逆転**している現実、つまり日本語と英語では思考の流れ方が互いに**逆走**していることを解明し、この「**逆転・逆走**」の解明から日本人が英語を話す方法をみちびき出します。１冊目の「まえがき」でも［日／英］の逆走に関しては少しふれましたが、本書ではそれを徹底してやります。そして、その逆転や逆走の考察を、日本人がペラペラ英語をしゃべれるようになる実践法につなげます。

英語と日本語の関係を「逆転」の視点から理解して、「話す英語」を一気に攻略する戦略を「**逆転モード**（Reverse Mode）」と名づけました。本書はこの「逆転モード」の理論編です。

最初に、あるエピソードをお話ししましょう。

20年間滞在していたフィリピンから帰国して、まだそんなにたっていない頃でした。頭が浦島太郎状態になっていて、日本の状況がよく理解できませんでした。もちろん、理解できないわけではないのですが、なんとなく日本のすべてにリアリティーが感じられなくて、まだふわふわ雲の上を歩いているような感じがしていた頃でした。頭から英語が抜けておらず、自分の脳ミソがまだ英語の海に浮いているような感じでした。そんな秋口、あるフレーズが耳に飛びこんできました。

**アイ・ハヴァ・ペン ♪　ペン・パイナッポー・アッポー・ペン ♬**

なんとも不思議な、なんとも楽しい、なんともわけのわからない音楽でした。もちろん、あのピコ太郎さんが歌っていた曲「ペンパイナッポーアッポーペン(PPAP)」です。日本中がわきました。ボクも、日本中の熱狂に負けずにとりつかれました。毎日、毎日、実際は毎夜、毎夜、同じYouTubeを開いて、何度も何度もクリックをくり返し、ほんの数十秒の同じ旋律に魅入られました。とにかく楽しいのです。PPAPは楽しさに満ちみちていました。

まず、ピコ太郎さんのあの面相。インチキ金融業者みたいなふざけた顔で、どこから見てもアブナイ風体なのに、しかしダンスが抜群に上手く、リズム感がよくて、伊達メガネの奥からはやさしい目がのぞいていました。全身からあふれ出る、人を笑わせるための卓越した作意が魔力的にキュートでした。一度YouTubeを開くと、30分はあっという間、ほぼ毎夜、1時間、聴き続けていました。「なんて楽しいんだ！」というレベルは、とっくに通りすぎていました。

歌詞（?）のなんと巧みなこと！　I have a pen~!の出だしがわからない日本人はいないはずですし、世界中にもいません。penと出てきて、appleと出てきて、apple-pen!と落着します。この奇想天外な結末は、appleにpenを突き刺す動作の一瞬前、胸から吐かれるAh!の絶妙な間合いと同期して頂点に達します。

その意外性に満ちた感動に酔っていると……、すぐに次の意外性が襲ってきます。やはり出だしは、I have a pen~で、反復を原理とする音楽の鉄則をきちんと踏まえていました。音楽は音やリズムの反復で脳内に一種の麻痺状態をつくり出す方法です。人間の脳は同じ刺激を反復して与えられるとキンドリング（kindling）と呼ばれる癲癇発作を起こしますが、その発作が起こると脳は感覚の麻痺をともなう快感に包まれるのです。すべての曲や音楽は意識的にこの効果を利用しています。PPAP も絶妙にこの原則を踏まえていました。「デキルな、こいつ！」と、思わざるをえませんでした。

すると、なんと今度は pineapple です。pineapple は pine に apple を合体させた言葉ですから、やはり最初の apple が反復されていて、しかもこの２番手は pineapple という立派な現実の果物ですから、apple からの転調としては非の打ちどころのない意表の突き方です。しかも、なんと今度は、その pineapple にも pen がグサリと突き刺さります。それが pineapple-pen! 驚愕の一語。

誰もがとんでもない世界に引きずりこまれてしまいます。夢想だにしたことのない apple-pen と、pineapple-pen がすでにこの世に現出していました。日本中の人々が、いえ世界中の人々が、「いったいこの先どうなるんだ？」という、怖いほどの好奇心に駆られ、先の展開を待つことになります。しかし心も身体も得体のしれないリズムにのせられて、抗いがたく催眠術にかかっていますから、流れにまかせるしかありません。ほとんど自我放棄。どうにでもなれ、どうにでもしてくれと、飼い主にお腹を見せて仰向けになってしまう仔犬の心境です。

すると、やはり、とんでもない結末を知ることになります。

apple-pen! ➡ pineapple-pen! ➡ ????　この奇想天外さは、どこへ行くんだ、どこに着地するんだと、息も止まるワクワク感で最終宣告を待つと……、

**Pen-Pineapple-Apple-Pen!**　ダダ、ダダ、ダダ〜。

と、終息します。その意外性と、そのぶっ飛んだ結末は、世界中の人間の想像力を超えていました。歌全体の中には、ひとかけらの悪意も、過重な意趣もありません。ただただ楽しいだけ。「この知性はなんなんだ」と思っても、疑念はそこまで。それ以上の詮索は浮かびません。楽しいからいいじゃないか、楽しいだけだと信じられるじゃないか、こんなすごいこと、奇想天外さが、これまであったか？　すごい、スゴイ、凄いと、ただただ感服するばかり。

この感動、この衝撃は、日本国内からじゃなく、海外から日本に逆輸入された観がありました。PPAP 動画が YouTube にアップロードされたのが2016年の８月25日。１カ月後の９月25日には再生回数が100万回に達していましたが、翌26日にタイム誌の記事になり、一気に世界中に知れ渡ります。しかし、英語雑誌の記事になったということは、英語圏の人たちの感覚には、アップロードとほぼ同時にその異変がキャッチされていたことを証拠立てています。なぜなら、雑誌に掲載されるまでに編集会議やら取材やら印刷やらの時間が先行していたわけですから。間違いなく、日本人の感覚にひっかかって騒がれる前に、海外の英語圏の人々の感覚にひっかかって PPAP は世界中で爆発したのです。

タイム誌の記事になった翌日の９月27日、ポップミュージシャン、ジャスティン・ビーバーが「インターネット上のボクのお気に入り動画さ！」と激賞してから、さらに噂が爆発し、ワールドワイド化していって、最終的には再生回数が１億回突破です。

ピコ太郎さんはあっという間に世界のエンターテイナーになり、セレブにまでなってしまいました。当選間もないトランプ米大統領の５歳の孫娘、ローズちゃんが、ピンクのパジャマ姿で、ベッド上でピョンピョン跳ねながら、I have a pen~, pineapple-pen! と絶叫している動画まで登場して、５歳の少女の感覚にまでいきなり入ってしまう現実に、「これは、ただ事ではない！」との認識になりました。

2017年11月、日本へやってきたトランプ大統領を囲む晩餐会が東京の迎賓館で開かれましたが、そこでピコ太郎さんは、当時のトランプ大統領や安倍晋三首相と一緒に写真に納まりました。なんて珍事だったのでしょう！

歌詞（？）にちりばめられた巧みな策略は、ちょっと目を凝らせば見抜けます。apple と pineapple ですから、ちゃんと韻（いん）が踏まれています。韻とは同じ音の反復のこと。同じ音がくり返されると人は心地よくなることは書きましたが、その韻は apple だけじゃなく、I have a pen~ から始まって、apple-pen、pineapple-pen、pen-pineapple-apple-pen と、pen が何度もくり返されていて、pen と apple の韻の二重奏が構築されていましたから、楽しさと心地よさは２倍どころではなく、「２乗に比例する」仕掛けになっていました。しかも全体は、音響と、視覚と、動作と、人間力の複合芸術ですから、その魔力は無限大。というような屁理屈をいくら考えたところで、Pen-Pineapple-Apple-Pen の本当の秘密は見えてきません。「このおもしろさは、なんだろう？」「なぜだろう？」と考え続けました。

毎晩、毎晩、同じ動画を見て、聴いて、不思議さの秘密を考え続けました。何かあると感じていたからです。読者のみなさんは、あのピコ太郎さんの PPAP の突然の大ヒット、秘密はなんだったと思いますか？　さらに言えば、なんでこの英語本の、しかも IA メソッド「逆転モード」の導入部分に、この話をもち出したのか、ボクの作意や意図が想像できますか？

珍事に近い PPAP の大爆発は、まず世界中の英語圏で火がついて、英語圏で一気に広まって、それから日本人もその異変に気づいたのだとボクは分析しています。BBC でも、CNN でも取り上げられて、国連本部でさえピコ太郎さんは PPAP を披露したのです。あの珍事は英語の秘密に直結していたに違いないのです。しかも「逆転モード」と銘打った、これから論じる IA メソッドの理論的核心部分にあの PPAP がピタリとはまっていたからこそ、世界中の英語を話す人間が、抵抗する術（すべ）もなく狂喜の渦に巻きこまれたとボクは分析しました。

**Pen-Pineapple-Apple-Pen!**
**Pen-Pineapple-Apple-Pen!**

この最後のフレーズが秘密のすべてです。英語を話す人間にとって、このフレーズが、彼らの思考ロジックに100％合致していたからこそ、それゆえ心地よいフレーズだったからこそ、彼らには腑に落ちたのです。単なる単語の羅列の妙ではなく、彼らにはこれがキチンとした意味として理解できたのです。だからこそおもしろくてしかたがなかった。トランプ大統領の５歳の孫娘ちゃんをも欣喜雀躍、狂喜乱舞させたほど、わかりやすい英語メッセージだったのです。

PPAP の秘密は、これから述べる日本語と英語の「逆転」の考察の中で解明されます。

## IAメソッド英語速習法とは

本文を書き出す前に、**IA メソッド英語速習法**の全体像を紹介しておきます。

- このメソッドは、**日本人のための「話す英語」**のメソッドです。
- このメソッドは**海外で考案され**、その効果は、すでに海外で**実証済み**です。
- 考案したのは日本人。巻末の著者紹介を読んでください。
- このメソッドは、**100パーセント・オリジナル**の独創的メソッドです。
- このメソッドは**モード・チェンジ（Mode Change）**を通し、超短期で英語を話させます。
- モード・チェンジとは「言語モード」の切り換えのことです。
- 具体的には「**日本語モード ➡ 英語モード**」への切り換えです。

この変換のためのステップは２段階に分かれます。
それは、**Ⅰ．心理モード（Psychology Mode）の変換**
**Ⅱ．文法モード（Grammar Mode）の変換**
文法モードは以下の３種。
**①逆転モード（Reverse Mode）**
**②拡大モード（Expansion Mode）**
**③叙述モード（Description Mode）**

普通の日本人が一人で海外へ飛び出し、必死に英語の武者修行に励んだとして、このメソッドに匹敵（ひってき）する知識やスキルを獲得するには最低で15年はかかります。つまり、このメソッドで「話す英語」を学ぶことは、15年分の時間とエネルギーとコストの節約になります。

ですから、既存の英語学習法とは根底から違います。独自の文法用語や文法概念がどんどん飛び出します。既存の英語教育への遠慮はありません。それは、今ある英語教育の変化を願っているからです。これは時代と民族の要請にこたえたものです。以下に、５冊全体の構成を紹介しておきます。これで日本民族は22世紀も生存可能になります。

**第１巻：『英語は肉、日本語は米』** 副題：心理モードを変えよう
**第２巻：『ひっくり返せば、英語は話せる』** 副題：逆転モードを知ろう
**第３巻：『英語は、前置詞で話すもの』** 副題：前置詞ユニットを使おう
**第４巻：『即興で話せる、ネイティブの英語』** 副題：拡大モードで話そう
**第５巻：『This is a pen は、魔法だった』** 副題：叙述モードで突破しよう

# CONTENTS
INDIVIDUAL ASCENDING METHOD

ブックデザイン　吉原遠藤（デザイン軒）
カバー・本文イラスト　にら
校正　麦秋アートセンター
英文校正協力　エディテージ

序章
INDIVIDUAL
ASCENDING
METHOD
「エイッ、エイッ！」
あれっ、なんで？

Point

# ずっと気づかなかった

第１章が終わるまでの文体は、第１作と同じように、くだけた語り口調にします。冗談を交えながら、少しおどけて書いてゆきます。そのほうが自分の体験をリアルに伝えられると思うからです。ボクのメソッドはまるごと自分の体験から抽出されたので、かっこつけると嘘になります。そもそもの体験は、かっこつけようがないのです。これから書きだそうとしている体験も、まさにその代表例です。

## 「エイッ、エイッ！」とつぶやいていた

ボクがIAメソッドをつくることになった一番最初のきっかけを与えてくれたのが、この「**エイッ、エイッ！**」の体験です。PCで「一番最初」と打ちこむと、すぐにこのように下線が表示され、この下線を消そうとしてクリックすると、「**重ね言葉**」と指示が出る。うるさくってしかたがない！　PCのくせに、人の書く文体にまで口を出すなんてと思いながら、いつも「うるさい！」と心の中で叫んでしまう。「**エイッ、エイッ！**」の体験は、ちょうど「一番最初」と打ちこんで、それゆえにムカッとくる心の声に似ていたんです（ウィンドウズはバージョンアップするたびに使い勝手が悪くなる！　いい加減にしてほしい！）。

フィリピンへ通い始めた最初の10年間は、まさにこの「**エイッ、エイッ！**」の連続だった。その頃、ボクは東京の予備校で古文を教えていた。予備校業界は春休みと夏休みが２カ月ずつある。それぞれの休みの半分、つまり１カ月は集中講義をやって金を稼いで、残りの１カ月ずつをフィリピンでの取材に充てていた。だから年に２回現地を訪問し、年に２カ月はフィリピン中を走りまわ

ってフィールド・リサーチをしていた。そして多くのフィリピン人に会って英語を口から出すたびに、ボクは「**エイッ、エイッ!**」と心の中でつぶやいていた。もちろんその声は心の中の声だから、目の前の人には聞こえない。それは、自分の心の中だけでくり返される無音の発声だった。

なんのこと? 想像つく?

そんな無意識のつぶやき体験が５〜６年は続いていただろうか。いや、10年続いていたかもしれない。だって、年にたった２カ月の英語生活だから、ボクは心の中の自分の声に気がつかなかった。とはいえ、あるとき、そういう時間の経過をへて、ふと、「**エイッ、エイッ!**」といつも叫んでいる自分に気がついた。「あれッ? なんでボク、**エイッ、エイッ**て、言っているんだろう?」ってね。

それは英語を話すたびに、無意識に「**エイッ、エイッ!**」と心で気勢をかけて、口から単語を強引にアウトプットしている自分に気づいた瞬間だった。そしてそれは、日本人が150年も英語を話せずにやってきた根本原因に気づいた瞬間でもあった。手前味噌の言い方をするなら、自分がそれからつくることになるIAメソッドの核心部分、つまり「逆転モード」に気づいた瞬間だった。

❖「IAメソッド」は日本の登録商標。フィリピンでは「KS Method」で商標登録していた。

わかりやすく説明する。たとえば、「お昼、何食べる?」と聞かれたとする。ボクが、「ケンタッキーのフライドチキンが食べたい」と心の中で思ったら、ちゃんと口に出して、「ボクは、ケンタッキーのフライドチキンが食べたい」と、言わなければならない。当たり前だよね。でも、そのとき何が起こると思う?

「ケンタッキーのフライドチキン」を、「Kentucky of fried chicken」と言ったらギャグになる。日本語にすると「フライドチキンのケンタッキー」になってしまうから。「ケンタッキー」は食べられない。それは店の名前。英語にするには、「fried chicken of Kentucky」と言い換えなければいけない。当然だよね。何が起こった？　そう、**語順の逆転**が起こったでしょう？　日本語では「ケンタッキーの → フライドチキン」という単語の流れになっているけど、英語では「fried chicken ← of Kentucky」という逆転した流れになっている。つまり、英語を話すときは、口から出す単語の流れを日本語と逆転させなければならない。

日本語：　ケンタッキー　の　フライドチキン
英語：　fried chicken　of　Kentucky

これを一度も意識したことのない日本人って、ボクは、いないと思う。それほど誰もが一度は意識する不思議な現実さ。でも、「なぜだろう？」と、これにこだわり続ける人間はそう多くないはず。みんな途中で、「よくわからないけど、逆転するんだね」と納得して、忘れてしまう。その後も考え続ける日本人はほとんどいない。おおげさに言えば、１億人の中で、一人しかいなかったってことになる。その一人がボクだけど、でも、150年の間に、たった一人だよ。これ、ちょっと、異常じゃない？「灯台もと暗し」なんて話じゃない。ニュートンのリンゴ級の話じゃないかな？

❖もちろん、日本の比較言語学者はこの逆転に気づいていた。おおげさに言ってゴメン！

外国語をしゃべるときは、言葉を口に出す作業をすべて頭の中で処理しなければならない。でしょう？　その場合、日本人なら、話したい思考はかならず母語で思い浮かぶことになる。つまり、「ケンタッキーのフライドチキンが食べたい」という日本語そのもの。この日本語を頭の中で英語に変換しないかぎり、英語は口から出てこない。これは逃げようのない現実であり、避けられない現実。とりあえず、仮に、I want to eat ～が口から出たとしても、その後の処理に想像以上のストレスがかかる。なぜなら、頭の中で「ケンタッキーの～」と流れてゆく日本語とは違って、英語として口から出す最初の音声は、「ケンタッキーの～」ではなく、その後に出てくる「フライドチキン」でなきゃいけないから。最初に頭の中に反響する「ケンタッキーの～」に惑わされちゃダメ！

初心者の100％がこの「ケンタッキーの～」という日本語に惑わされる。惑わされるというよりも、邪魔される。英語にしようとする思考の前に立ちはだかって、思考の行く手をふさごうとする。だから、「ケンタッキーの～は、重要じゃないぞ～」と意識しつつ、その後に出てくる単語を待ち構える。すると、のんびりと「フライドチキン」が登場する。ボクは心の中でいつも、「きみだよ！　はやく出てこい！」という思いで「フライドチキン」をつかまえる。しかもすばやく、その言葉が消えてしまわないうちに一瞬でキャッチする。

さあ、そのあとだ、問題は！　日本語の思考の流れとしては「ケンタッキーの～」→「フライドチキン」だけど、英語として単語を口走るには、後ろの単語を先に出す必要がある。この意識が希薄な場合には「あ～、う～」とか言って、永遠に英語にならない。ここは意地（？）でも意識の強さを見せつける必要がある。日本語の意識に向かって、「最初の単語は、黙ってろよ！　邪魔するなよ！」と心の中で叫びながら、おっとり刀で登場してくる２番手の「ケンタッキー」をグイッとつかんで、米軍の航空母艦のカタパルト（射出機）にのせて、ブワッと下から風圧（？）をかけて空中に戦闘機を飛び上がらせるようにして、「**エイッ！**」とばかりに「**フライドチキン！**」と、一気に叫んでしまう。「**エイッ！**」の掛け声がなければ、「フライドチキン」はおどおどしているから、自分で前へ出てゆけない。だから、「**お前が先に、行け～！**」みたいな気持ちで、「**エイッ！**」の掛け声とともに「**フライドチキン！**」と言い放つ。この意図的な加勢力みたいな意識がないと、逆転の結果としての英語フレーズは音声に変わらない。これは冗談でも誇張でもなんでもない。すべての日本人が経験する絶対に避けられない現実。だからこそ、ボクはこれを10年間も続けていた。しかし、とりあえず「**フライドチキン！**」が口から出たら勝ったも同然。あとはどうにでもなる。あとは余裕すら感じて、「of Kentucky」と自然に出てくる。ここを図式化すると、以下のようになる。

**fried chicken と言い切る ← あとから**
**of Kentucky と言い添える**

この逆転思考の流れを、音声として物質化してやらなければいけないのが英語を話す行為。話す行為は音の波動や周波数を物理的に発生させる行為だから、頭の中だけでごまかせる話ではない。だからこそ、抵抗感のある意識の壁が生まれる。メンタルな「ケンタッキーの → **フライドチキン**」という日本語思考の流れを、物理現象としての「英語の音響」に変換するんだから、「**fried chicken** ← of Kentucky」という語順逆転された現実を外界にアウトプットしてやらなければならない。

単純なことをくどくど書いていると思うかもしれない。しかし、ここは日本人が150年も「英語を話せない者」として生きてきた究極の原因をえぐっている部分だから、このくらいくわしく書かないと、この部分がはらむ問題の重大性に日本人は気づけない。だから、もう少し我慢してほしい。もう１回、まとめてみる。

英語の初心者が英語を話すときは、かならず、話したいと思うことが母語として意識化される。それが「ケンタッキーの〜」にあたる部分。だけど、ここは後回しだぞと意識しつつこの単語を無視し、そのあとに出てくる「フライドチキン」を待ち構え、「フライドチキン」が意識化された瞬間にそれをムギュッとつかみ、まずその単語を音声に変えてしまう。このとき、絶対に逆転意識の強さが要求されるから、一瞬で単語を後ろから前に放り投げるようにして、「**エイッ！**」とばかりに「**フライドチキン！**」と言い放つ。思考の逆転には強化された意識が絶対に必要になる。そういう意識的な自覚がないと、日本人は「ケンタッキーの～」にだまされて、「Fried chicken！」とは口走れない。この半意識状態の思考を客観視する力が弱かったから、日本人は150年も、自分の頭の中をのぞきこめなかったのだと思う。ボクが自分の半意識状態をのぞきこめたのは、実際に毎年２カ月、英語でフィリピン中を走りまわって、実際に英語を口に出す現場に飛びこんだから。つまり「話す英語」を実体験したから自分の頭をのぞきこめた。日本国内の教室にいて、いくら英文読解の本を読んでいても、または文法のパズルを解いていても、一生かかってもできないハナシ。ボクは、そんなふうに「話す英語」にリアルに取り組んだから、ほどなく、フィリピンの大統領選挙の取材にも突っこめた。当時の副大統領には何度もインタビューしてすごいハナシをたくさん聞けた。政治の現実にはびっくりしたぜ。ここでは絶対に書けない内容だけどね。ほかの大統領選の候補者たちにも多数インタビューした。そして選挙後もそれは続いた。

てなわけで、ちょっと横道にそれたけど、語順の逆転にともなう意識の抵抗に勝つために、ボクは意識的に「**エイッ！**」「**エイッ！**」って言いながら、「**フライドチキン！**」とか「**チーズバーガー！**」って、叫んでいたってわけさ。おもしろいでしょう？　すべて自分の実体験だから、堂々と言える。そしてどこまでも深く分析できる。だから闇の中へもどんどん入っていける。闇を抜けると、かならず光の世界が待っている。だから、絶対に闇は自分で体験しなきゃダメなんだ。闇をへないと、光をつかめない。「読む英語」では、闇の世界にすら入れない。

## これが日本人の壁だった

日本人は以上のことに150年も気づけなかったことになる。これが、ボクには不思議でならなかった事実。これがいかに重大な発見か、ちょっと考えてみてほしい。

ケンタッキーのフライドチキンは、おいしいよ。

➡ 下線部は主語

これは、ケンタッキーのフライドチキンだよ。

➡ 下線部は補語

ボクは、ケンタッキーのフライドチキンを食べたいなあ。

➡ 下線部は目的語

これらのバカみたいに簡単な日本語を英語にする場合でも、すべてにおいて、下線部の語順を逆転しなきゃ英語にならない。語順の逆転を避けていては、主語を発声することも、補語を発声することも、目的語を発声することもできない。主語、補語、目的語をつくらないで英語を話すことって、できると思う？　できるわけない！　つまり、何も英語を口から発声できないことになる。英語を話す行為には、主語であれ、補語であれ、目的語であれ、どの部分を言葉にするにも語順の逆転という現実が立ちはだかるのさ。しかもその語順逆転は頭の中のメンタルな処理だから、鉛筆も、消しゴムも、ノートも使えない。視覚化できないんだ。だからとても強い集中力がいる。

このメンタルな逆転処理がやっかいだから、日本人は英語を話すのを避けてきたと言える。つまり、明治以来、逆転のストレスから逃げ続けてきたことになる。

しかし、いくら逃げたって、解決法はやってこない。だから150年もたっちゃった。マンガみたいな話。だから「読む英語」じゃダメ！　英文をいくら目で読んでいたって、思考逆転するときのメンタルなストレスは実感できない。しかし、英語を学ぶ最優先行為を「話すこと」に設定するだけで、日本人は誰でも、ボクと同じ体験をすることになる。一人の例外もなくネ。そうすれば、逆転の壁にいきなりぶち当たって、「痛ェ～！　なんだこの壁、見えないのに！」って、叫ぶことになる。そうすれば、誰もが見えない壁が存在することを知り、逆転の必要に気づくことになる。こういう当たり前の言葉の学び方を、日本は150年もやってこなかったってことになる。簡単に言えば、そういうことなんだ。物事はなんでも、体験的に実感しなきゃダメ。日本人はこの謙虚さを忘れている。

「話す言葉」の壁はメンタルな壁だから見えない。でも、紙に書かれた言葉は目に見える。だから、書かれた英語だけが英語だと錯覚し、英語と日本語の間にある目に見えない壁に気づけなかったのさ。日本人は目に見える世界しか信用しない傾向があるよね。ハードウェアには強いけど、ソフトウェアの世界には弱い。でも、本当は逆なんだ。すべては目に見えない精妙な世界から流れ出てきたのであって、物質化した世界は最末端の粗い結果にすぎない。ギリシアの哲学者プロティノスはそう言っている。インド哲学でもそう言っている。人間の思考も同じ。だから、目に見えない奥の世界を探求しないと本質はつかめない。ボクの場合は話す現場での「**エイッ、エイッ!**」のわずらわしい意識体験が、それに気づかせてくれたことになる。

こういうわけで、ボクが「逆転モード」という革命的な英語理解の端緒を思いついたのも、すべてこの「**エイッ、エイッ!**」の実体験がきっかけだったってことになる。この「逆転」という謎が見えたことで、英語と日本語の間のすべてが「真逆」であることが見えてきた。ボクたちはみな日本語を母語としている日本人だから、「日本語をひっくり返さなきゃ、英語は話せない」。でも、言い方を換えれば、『**ひっくり返せば、英語は話せる**』ということになる。これが本書のテーマ。序章は上首尾で終われたようだ。

INDIVIDUAL ASCENDING METHOD

第1章

# 見過ごしていた現実

Point

# 英語と日本語は真逆

## なんで、日本語にこだわるの？

「話す英語」を自分のものにするには、英語と日本語が真逆の関係にあること、つまり、[日／英] が互いに逆転していることを意識しなきゃ、始まらない。この逆転の現実が見えないと、日本人が効果的に英語を話す切り口が永遠に見つからなくなる。だからボクは、[日／英] の真逆の関係、つまり逆転した関係にこだわるわけ。でも、この本から読みだした人は、「英語のハナシをしようってのに、なんで日本語をもち出すの？」って思うかもしれない。

たしかに、「読む英語」を論じるんだったら、そういう疑問もわくかもしれない。でも「話す英語」に取り組む場合には、その疑問はちょっと違うんだ。英語を話す場合には、日本人だったら、まして初心者だったら、話そうとすることがかならず日本語で頭に浮かぶことになる。そしてその日本語を英語にせざるをえなくなる。日本語を意識しなくても、いきなり英語が口から出てくるのは修練を積んだ日本人だけ。それには20年も30年もかかる。素人や初心者には絶対できない。だから、普通は、英語を話そうとしたら、話そうとする日本語から英語を見なきゃいけなくなる。意外に、ここを見落としてしまうようだ。ボクは誰よりも愚直に英語に取り組んだから、これがわかる。だから IA メソッドも生まれた。

ということで、英語と日本語がどれほど真逆になっているか、それを確認することから始めたい。そうしなきゃ、本書を読んでくれている人とボクとの共通認識が生まれない。[日／英] の真逆や逆転の現実をきちんと確認したうえで、攻略法に入っていきたい。

## 逆転の事実いろいろ

［日／英］間の逆転は、いろいろなレベルで起こる。すでに確認している最小単位のフレーズもふくめて、いろいろなパターンを列挙してみる。

例１：ケンタッキーの①　フライドチキン②
➡ fried chicken② of Kentucky①

例２：ハンマーで①　割られた②　ガラス③
➡ glass③ broken② by hammer①

❖本書では、簡単なフレーズの例を出す場合や語順を論じる場合には、サンプルの名詞から冠詞を外したり、単数・複数の区別を無視したりします。初心者が「話す英語」に取り組む場合、これらを同時に意識すると、初心者の口から英語が出なくなります。大切なのは冠詞や単複の区別ではなく、語順の逆転に慣れることだから、両方の意識を同時に要求することは過酷すぎるのです。だから、本書ではこういう便法に徹します。本書の最初の部分の例文やフレーズを、普通の文法書の例文やフレーズと同様に考えないでください。

どうです？　語順が完全に逆転しているでしょう？　ボク自身の経験では、「エイッ！」「エイッ！」を使えば、例１の「ケンタッキーのフライドチキン」はなんとか、口から出ると思う。しかし、例２の「ハンマーで割られたガラス」という表現みたいに、三つの単語から構成される日本語を頭の中で、日本語から英単語に変換しながら、同時に語順まで逆転させてしゃべる作業は日本人にはほとんどできない。初心者なら100％、ギブアップするはず。

つまり、「ハンマーで割られたガラスは何枚だったの？」とか、「ハンマーで割られたガラスをはやく片づけなさい！」などといった、日常的な表現を口走るだけでも、ほとんどの日本人は口を閉ざし、沈思黙考し、悔しさを感じながら、「ダメ、言えない！」と心中で降参する。これが現実。つまり、この程度で、日本人は逆転に負けてしまう。もう少し、例を出そう。

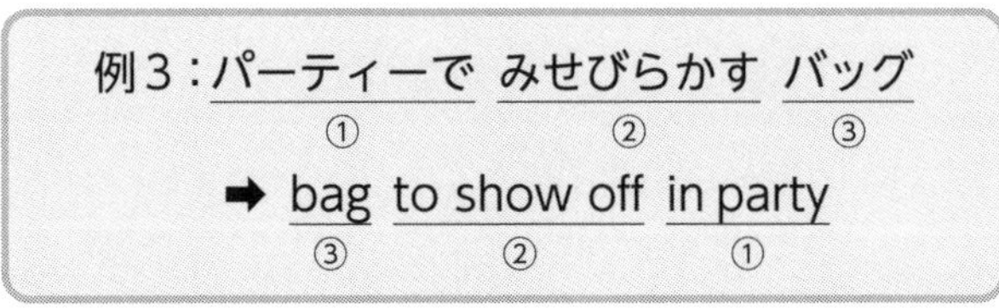

例3：パーティーで みせびらかす バッグ
　　　　①　　　　②　　　　③
➡ bag to show off in party
　③　　②　　　　①

これも、単語が三つに固まった表現だけど、「パーティーでみせびらかすバッグ」とすんなり言える人は、相当英語になじんだ人だけだろう。普通は言えない。その難しさの本質は逆転の現実にある。

例２でも、例３でも、［①→②→③］という語順が、［③→②→①］という語順に逆転している事実を否定できる人はいないはず。逆転の事実は誰もが認めるしかない。つまり、日本語の思考の流れを、英語ではひっくり返すしかなくなる。前置詞を使うとか、to 不定詞を使うといった技巧を論じる前に、語順自体がひっくり返ってしまう事実にどう対処するかを考えざるを得なくなる。

今度は、簡単な一文で示してみたい。

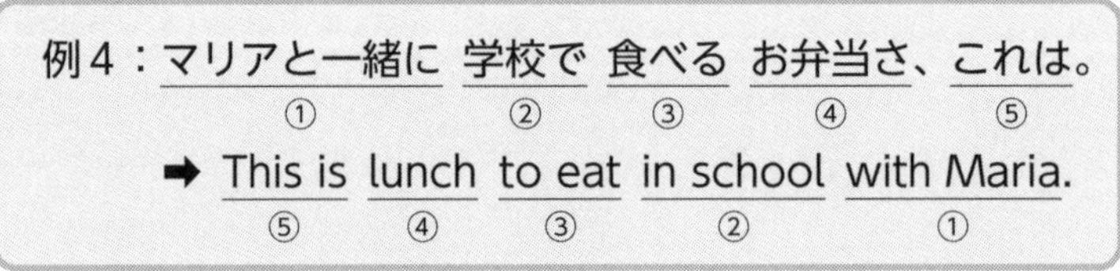

例４：マリアと一緒に 学校で 食べる お弁当さ、これは。
　　　　①　　　　②　　③　　④　　⑤
➡ This is lunch to eat in school with Maria.
　⑤　　④　　③　　②　　①

これはもう尋常なレベルではない。なぜなら、これはもう、一つの文だから。この逆転を、即興で、頭の中でやれる日本人なんか初心者では絶対にいない。でも文の内容は幼稚園児でも話すようなレベル。この日本語をふと頭に思い浮かべて、それを頭の中だけでメンタルに英語に翻訳して、そのメンタル翻訳の英文が消えないうちに口から出せる日本人は、初心者で、いるだろうか？

この事態にどうやって対処すべきかを、きちんと理論的に説明して、実践的な対処法まで教えられる英語教師は、いったい日本にいるのだろうか？　はなはだ疑問だ。ここには、日本の英語教育の欠陥がもろに露呈されている。日本の英語教育は、広い範囲にわたって陥没した道路みたいで、根本がなっていない。英語を即興でしゃべるという現実は、このように、日本語を英語に変換することであって、その変換にはかならず逆転がともなうんだということが、完全に失念されている。

この現実を直視しないから、いや、してこなかったから、150年間、日本人は英語を自由に話せてこなかったことになる。近代物理学は、ニュートンのリンゴから始まったけど、日本の英語教育はそのリンゴの落下にすら気づいていないと言える。リンゴは客観視の象徴だと思うけど、現実を客観視しないで、何が始まるだろうか？　ボクたち日本人が「話す英語」に向きあって、いきなり意識すべき問題は発音でもアクセントでもなく、ましてや偏差値でもなく、「逆転」の現実なんだ。

リスニングがよく解決策かのように扱われるけど、これも錯覚。リスニングではこの逆転作業に対処できない。なぜなら話す行為は能動的行為だけど、リスニングは「聴いてるだけ」の受動的行為だからね。リスニングへの傾倒は、逃げている自分をごまかしているだけ。「逆転」の闇はまだまだ深い。

## 住所と名前も逆転してる

もしきみが、フィリピンでも、アメリカでも、現地のイミグレーションに出向いて備えつけの書類で何か申請するとする。すると、かならず自分の名前を書きこむことになる。そのとき、どういう順序になると思う？　もしきみが「坂本龍馬」って名前だったらどうなるかな？

だよね。すぐに想像はついたと思うけど、姓と名の順番が、英語では逆転するよね。なぜだろう？　もちろん理由はちゃんとある。ここではその理由にふれないけど、名前の名乗り方が英語と日本語では逆転する。これは、相当深い違いが英語と日本語の間にあることを想像させてくれる。その理由は、普通はわからないので考えないことにして忘れてしまう。でも逆転の現実だけは英語圏ならどこの国へ行っても追いかけてくる。「逆転」の問題は、単に表現のしかたの違いであるだけでなく、もっと根源的で重大な問題であるようだ。1作目の『英語は肉、日本語は米』で論じた「心理モード」に通じるような深い問題にふれることになるだろう。

もっとあるんだ。名前の次はなんだと思う？　名前の次は、もちろん住所でしょ！　架空の住所を出すよ。今は変な人間や、悪いことをする人間がたくさんいるからね。

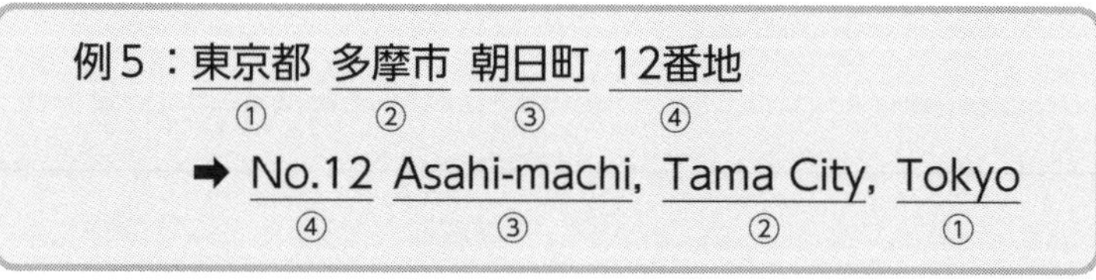


実際の住所はもっと複雑で、No. なんてつけないけど、わざとこんな風にしておく。さあ、何を感じる？

ボクは、これが長い間、不思議でならなかった。アメリカ人やイギリス人って、頭がおかしいんじゃないだろうかって、中学生の頃からずっと思っていた。大人になっても、フィリピンへ行くまではそう思っていた。だってそうじゃない？　No.12（12番地）って、世界中にどのくらいあるの？　アフリカや南米や、東南アジアの島々にこういう番地は無数にあるよ。インドの田舎へ行ったとき、あまりに簡単な住所表記にあぜんとしたことがある。だから、12番地は架空の住所だけど、世界の標準ではリアルな住所だよ。

「12番地って、どこの国だよ！　それのわからないこんな住所の表現って、意味あんのかよ！」って、ボクは心の中でずっと叫んでいた。「日本の住所表記はすごいぞ！　Japan とか Tokyoって書くだけで、アフリカや南米を探しまわらなくてもよくなるんだぞ！　なんでアメリカ人は、こんな特定しづらい住所の表現をするんだ！」って、いつも英語流の住所表記をバカにして罵(ののし)っていた。「アメリカ人て、頭、変なのとちゃう？」って、北海道生まれのくせに、誰かをバカにするときは関西弁になっちゃう。それほどこれは、謎だった。

でも、フィリピンへ行って、英語のロジックがわかったとき、疑問は氷解した。「なるほどねえ！」と、深い嘆息と、感動に襲われた。英語の発想に敬意すらおぼえた。その理由も、ここでは書かない。横道にそれすぎてしまうから。適当な箇所でふれるかも知れないから、楽しみにしていてほしい。

とりあえず、名前だけじゃなくて、住所表記のしかたまで、英語と日本語は逆転している。これはもう、尋常な現実ではない。とんでもない「逆転」の秘密がきっと裏に隠れている。面倒くさいから省略するけど、「何年、何月、何日」という時間の表現も英語では逆転する。

まずは、以上で示された英語と日本語の間の「逆転」の現実に同意してほしい。日本語を頭の中で英語にするには、かならず逆転のプロセスをへなければ、英語は口から出てこない。発声は限られた時間の中で処理しなければならない現実だから、紙の上でやる翻訳作業とはまるでストレスが違う。数秒以内に逆転の結果を口から出さなければならない。これは急迫性の高い思考のストレスになる。それを克服することが「英語を話す」という行為になる。

ボクには、150年間このストレスから逃げ続けた日本人の気持ちは、よくわかる。自分も日本人だし、きまじめにこのストレスと向きあってきたからね。そして解決法は手に入れた。でもこのストレスと解決法の間に、どんな未知の領域があるかを知らなきゃダメなんだ。そうしなきゃ、いくら解決法を示しても、その価値に気づけないと思う。この先さらに50年、100年と眠り続けることになる。その頃には日本民族なんて消えていなくなっているかもしれない。それだけはマズイ。だから「逆転」をもっと深く知ろう！

# Point 理解不能の逆転

## ビューティフル・ドレス

なんでもいいんだけど、beautiful dressにしておく。深い理由はないけど、これもフィリピンにいて気づいたことなんだ。例文では、冠詞のaとかtheはもう少し無視し続けるので、よろしく。

「beautiful → dress」は、「美しい → ドレス」で、英語と日本語は思考の流れが一致している。この表現のつくり方は中学1年生で習う。beautifulは形容詞でdressは名詞。形容詞は名詞の前に置いて、後ろに来る名詞を飾る。この原理は英語でも日本語でも同じ。疑問の生じる余地はない。初めて英語を学び始めた中学1年生の自分の頭に、すんなりと吸収されていった。この語順パターンで無限にいろいろな英語表現をつくり出せた。

| | | |
|---|---|---|
| おいしい → ケーキ | ➡ | tasty → cake |
| 甘い → チョコレート | ➡ | sweet → chocolate |

高校生くらいになると、使う単語が少しレベルアップする。だけど、なんてことはない。原理は同じだから。どこにも不安などない。不動の確信をもってフレーズをつくり続けた。

歴史的な → 場所
➡ historical → place
国際的な → 音楽フェスティバル
➡ international → music festival

すんなりと頭に入っただけに、この理解はボクの頭を支配した。特に、一番最後の例のような（来た！　また下線だ！　ホントに余計なお世話だっつ～の！）表現はボクの自信を深めてくれた。

国際的な → 音楽 → フェスティバル
➡ international → music → festival

単語が３個になっても、語順は日本語も英語も同じだ。「英語はチョロイ！」そう確信できた。本当言うと、that とか which とか、関係代名詞という言葉があって、高校の英語の先生が「～するところのと、後ろからひっくり返して訳すといいぞ」と教えてくれた。でも先生自身が「どうしてだか、理由はわかんないけど」と言ったのを、今でもおぼえている。英語の先生だって「理由はわかんない」と言っているんだから、関係代名詞で「ひっくり返る」のは別次元の問題だろうと考えて、この問題は意識から外した。関係代名詞の「逆転」を意識から外したおかげで、「beautiful → dress」はますます自己確信となり、英語への疑いなどわいてこなかった。英語がスラスラ読めないのは自分が悪いからで、他人のせいにすべきではないとすがすがしい自制心で自己を律し、しかし、関係代名詞や関係副詞への理解不能にはどこまでも悩まされてゆくことになった。それがボクの高校時代の英語のレベル。

正直に言うぜ！　ボクは大学院を出て、すぐに英語の翻訳書を２冊出した。１冊目は自分から出版社にもちこんで「おもしろいね」といって出してもらった本。２冊目はその出版社から頼まれた本。どちらも専門に勉強したヨーガに関する本だったから、勉強になったし、楽しかった。つまり、いつの間にかボクは、そこそこに英語のできる人間になっていた。話すほうは、大学院在学中にインドで屈辱を味わっていたから意欲満々だったけど、会話を鍛える機会には恵まれなかった。

そんなこんなで、すでにフィリピン通いをしている自分になっていた。そして、「beautiful → dress」が、日本人の英語理解をつまずかせていた張本人で、これこそが日本の英語教育の諸悪の根源だったと気づくことになる。ボクはフィリピンに移住して間もなく、現地のロータリークラブのメンバーになった。フィリピンのロータリークラブの活動は非常に活発で、大金持ちから小金持ちまで、フィリピンのビジネスマンのほとんどがロータリークラブのメンバーになっていた。同種のライオンズクラブは見る影もない。そんな感じ。

## 会長エレクト

ロータリークラブは「おじいちゃんの幼稚園」っていわれるような和気あいあいとした、国際慈善事業の親睦団体。一番楽しいのは仲間同士の日常のじゃれあい。ジェントルマンシップが徹底していて、仲間うちのだましあいは絶対にないので、安心してつきあえる。まさに人脈を広げるのに最適の場だけど、ボクにとっては、「話す英語」を鍛える格好の場でもあった。ボクはどんなにふざけて仲間と話していても、仲間が話す英語には聞き耳を立てていた。そしていろんなことを彼らの「話す英語」から学んでいた。あるときの会合で、次期の会長（President）に関することが話題になった。ロータリークラブでは会長任期は１年。仲間が順番に１年交代で会長を体験し、結束を深めあう。大金持ちだけが会長の座を何年間も独占するということは絶対に起こらない。いいルールだと思う。それで、次の会長も事前に決まっていて、会長になったときのための準備をいろいろなセミナーに参加して学ぶ。その「次期会長」のことを **President Elect** と呼ぶ。ボクはロータリークラブに入って初めてこの英語にぶつかった。

違和感があった。というのは、President は名詞、意味は「会長」だけど、Elect は「選出された」という意味の形容詞。つまり、名詞が先で、形容詞は後ろ。これは中学校で習った英語と逆の英語。形容詞が名詞を後ろから飾っている。矢印で示すと、「President ← Elect」。でも意味は間違いなく「次期会長」。つまり次期の選出済みの会長という意味。自分の頭に陰りが走った。「なんだ、これは？」というけげんな感じ。そのときからこの表現方法が気になりだした。そしてまわりの英語に目を光らせ始めた。

なんと、たくさんあった。その代表が下の言葉。

Consul General ➡ 総領事
Consulate General ➡ 総領事館

波線をつけたGeneralはどちらも形容詞で、その前のConsulとConsulate はどちらも名詞。つまり、President Elect と同じで、形容詞が名詞を後ろから飾っている英語表記。Consul General も Consulate General も昔から知っている言葉だけど、General の品詞に強く疑念を抱いたことはなかったので、自分の不注意を恥じた。世界中の外務省関係者が間違った英語を使うはずもないし、この表現が間違っているはずもない。少し「ヤバイ！」という気になった。

自宅の居間でアメリカの TV 番組を見ていた。一種の娯楽番組だったが、その番組のタイトルが、Entertainment Central。Central は言わずと知れた形容詞。またしても「名詞 ← 形容詞」。しかもアメリカの番組だから、アメリカ人が英語を間違うはずなど絶対にない。自分の英語への意識に死角があったことが完全に自覚化された。英語は、「beautiful → dress だけじゃないゾ！」と強い問題意識がわき上がってきた。ボクは、街中で英語の看板を見ても、英字新聞の広告文を見ても、たえずこの問題を意識するようになった。

そんな頃、自分の所属するクラブで有名人を招いてパーティーが開かれることになった。そのときの幹事（Secretary）が、みんなに言った。

「ハーイ、ロータリーの諸君、来週は我々のパーティーだ。いい服着て来るんだぞ！」

ボクは耳を疑った。最後の下線部に当たる表現で、間違いなく、わが幹事は **dress beautiful** と口走ったのだ。現実に聴いて確認したいと思っていたフレーズそのものが、仲間の口から飛び出した。テレパシーじゃないかとさえ疑った。そんなことまで思ったのだから絶対に聞き間違えではない。beautiful → dress ではなく、確かに、dress ← beautiful と言ったのだ。

そのとき考えた。仮に居酒屋へ行って、「ビールくれ！　冷たいやつだぞ！」という場合、英語だったら、Give me beer, cold! と言うだろう。しゃべり言葉の場合、カンマの有無は意味がない。ということは、耳に入る英語は、Give me beer cold! となる。わが幹事も、同じ感覚で、～dress, beautiful ➡ dress beautiful と言ったに違いない。「形容詞は、気軽に名詞の後ろに置いていいんだ！」、一種の啓示が脳裏を走った。そんなわけで、「beautiful dress ⇆ dress beautiful」がある意味で確認された。中学で習った英文法が完全に疑いに変わった。

＊ボクの学生時代には、後置修飾なんて文法概念は学校英語の中になかった。今は、中学でもこれを教えているようだが、それは TOEIC を通して生きた英語が日本に入ってきたためと思われる。ボクがフィリピンに行き始めた頃はちょうど TOEIC が日本に入ってきた直後で、まだ誰も TOEIC に見向きもしなかった。そうしているうちに、ボクはフィリピンへ移り住んだ。だから、後置修飾という文法概念はボクの頭の中にはまったくなかった。そういう背景があった。

ボクは日本のロータリークラブのホームページをときどきのぞいてみる癖がついていた。そして、毎回、ある愕然とする事実に目がとまった。いつも目が点になった。それは、とんでもない大発見だった。

ボクがのぞいたかぎりでは、日本中のロータリークラブが、President Elect を「会長エレクト」と訳していた。しかし、President Elect を「会長エレクト」と訳すのはあまりにも稚拙で、自分の翻訳経験から言っても、訳語になっていない。つまり落第の和訳だった。「どうしてこんな変な、そして中途半端な訳語にするんだ？」と、強い疑問がわいた。なぜって、そもそもロータリアンなら、日本人といえども、President Elect が職能として「次期会長」であることはかならず知っているから。どうして President Elect の意味を知っていながら、「次期会長」とは訳さずに、「会長エレクト」などという意味不明の日本語にしてしまうのか？　疑問の感情は本物になった。この変な日本語訳は今も日本中のロータリークラブで使われている。日本のロータリアンを支配している何か特別な理由があるはずだった。そもそも、「会長エレクト」の「エレクト」がどんな意味か、この訳語ではクラブの部外者にはわからない。なぜそこに意識がいかないのか？　そもそも言葉のセンスとして、「会長エレクト」なんて変な日本語は論外だ。「ナンセンス！」の一言につきる。現在進行中の問題だから、あえて言っておく。

日本のロータリークラブの「会長エレクト」という訳語はダメ、落第点！

ボクはこの問題を深く考えてみた。答えは、ボクが初めて President Elect という言葉にふれたときに感じた違和感の中にあった。日本中のロータリアンは善意の人間のカタマリ。そんな彼ら全員が、ボクが感じたのと同じ違和感を President Elect に感じていたのだ。そしてボク以上に、深い困惑の中にあったのだ。ロータリークラブはアメリカで生まれたクラブだから、日本人にはうかがいしれない、形容詞を後ろにもってくる何か特別の理由があるに違いない、「触らぬ神に祟りなしだ」という思いと躊躇があったに違いないのだ。だって、日本中のロータリアンはみんな年配者だから、中学時代は

「beautiful → dress」という英語だけを習い、「dress ← beautiful」なんて英語は習っていなかったはずなんだ。彼らが「会長エレクト」という不思議な日本語に今もこだわり続けている最大の理由は、彼らが中学で習った「beautiful → dress」という英語の規則に、「President ← Elect」という表現が合致していないからに違いなかった。この推理に間違いはない。簡単に言えば、「こんな英語、習ってない！」という強烈な拒絶反応を彼らは示していたことになる。だからこそ、自分たちでも半信半疑で、「会長エレクト」みたいな中途半端な翻訳でごまかしていたのだろう。彼らに罪はない。

彼らが中学で習った英文法には、「President Elect」のルールは入っていなかった。彼らの理解では、形容詞は絶対に名詞の前に置かなければならないことになっていた。ということは、日本人すべてが、英語のこの側面には当惑をおぼえ、「こんな英語、知らない！」と感じているに違いない。網にかかった魚は、とんでもない大物である予感がしてきた。いや、そんな下品な言い方をしてはいけない。日本人が150年来の英語の袋小路に迷いこんでしまった謎の核心を突きとめうる、とんでもない端緒に気づいてしまったと言い直しておこう。

ロータリアンの罪は軽い。いやゴメン、彼らは犠牲者なんだ。彼らは日本にいるので、Consul General も、Consulate General も、Entertainment Central も、dress beautiful も確認できない。しかたない。４年おきに11月の選挙で選ばれるアメリカ大統領が、翌年の１月に正式に就任するまでの２カ月間は、「次期大統領」と新聞でも報道されるが、日本語の新聞からは、その「次期大統領」の英語が President Elect であることにも気づけない。しかたないと言えばしかたない。

以下を断言しよう！

日本の英語の諸悪の根源 ➡ beautiful dress
日本の中学では、「形容詞 → 名詞」しか教えない
しかし実際は、「名詞 ← 形容詞」の使い方もある

形容詞で名詞を飾る方法は、「形容詞 → 名詞」のパターンだけだと思いこませている中学英語に罪がある。これは日本語の語順と一致しているので、英語を学び始めた中学生のやわらかい頭には、日本語と英語は語順が同じだという根深い錯覚を与えてしまう。しかし実際の英語では、形容詞は名詞を後ろからも飾る。もっと厳密に言うならば、英語では、名詞は後ろから飾られるのが普通の流儀で、名詞を前から飾るのは例外。そうきちんと教えるべきだ。もう一度、断言ふうに書いておく。

英語が名詞を飾る基本は「前 ← 後ろ」。
だから「前 → 後ろ」は例外

英語史を知っている人は、「例外だ」と断言されたら反発するに違いない。もちろんその反発の理由は知っている。そしてそこにこれからくわしくふれてゆく。でも、今、この流れの中ではこう断言してしまう必要がある。そうしなければ、ボクたち日本人の英語観は目が醒めない。この先も延々と眠りの中に居続けることになる。英語というものの理解を根底からくつがえし、「英語はひっくり返って当たり前」という理解を得るためにも、ここは、日本の**中学英語の教え方を全否定**してしまう必要が絶対にある。そうすることで、初めて日本人の目が醒める。

高校へ進んでくわしく習う関係代名詞や関係副詞で、後ろからひっくり返して訳すことを習うとき、少なくとも、英語の先生自ら、「理由はわからないけど」などとつぶやくことは絶対になくなるだろう。だって、英語は日本語から

見るかぎり、「ひっくり返っている」のが当たり前なんだから。それはボクが「エイッ、エイッ！」で気がついた「逆転」の現実だった。同時に、英語をまるごと「真逆の言語」と理解して、「逆転モード」で「話す英語」を克服してゆくための見落とせない視点だったんだ。それは英語を日本文化とは真逆の文化から生まれてきた言葉として理解する「心理モード」にもつながっていた話なんだ。

ボクは中学時代に頭に刷りこまれた「beautiful dress」を基本に置いたから、有無を言わさず「ひっくり返し」を要求してくる関係代名詞や関係副詞を例外として切り離した。そして「これは謎だから考えない」と心の奥にしまいこんだ。だけど、切り離して例外扱いすべきは「beautiful dress」のほうだった。それが最初からわかっていたら、どれほど英語の吸収がスムーズになったことかと悔やまれる。正常なのは「beautiful → dress」ではなく、「dress ← beautiful」のほうだったのさ！

日本人の英語理解が、「beautiful dress」にだまされていたことは間違いない。ボクはこの事実に、フィリピンへ行って初めて気がついた。「勘弁してくれよ！」ってハナシだった！

## ポパイ・ザ・セイラーマン

物事って、弾みがつくとどんどん広がる。後ろから飾るパターンは、英語の中にいくらでもあった。

| | | |
|---|---|---|
| アレキサンダー大王 | ➡ | Alexander the Great |
| ビリー・ザ・キッド | ➡ | Billy the Kid |
| ポパイ・ザ・セイラーマン | ➡ | Popeye the Sailorman |
| ミッション：インポッシブル | ➡ | Mission : Impossible |

英語の波線をつけた部分が形容詞にあたる。だから、これられっきとした英語表現は、みんな形容詞が名詞の後ろにきて、形容詞が後ろから前に向かって名詞を飾っている例になる。

どうして、The Great Alexanderじゃないんだろう？　どうして、The Kid Billyじゃないんだろう？　どうして、The Sailorman Popeyeじゃないんだろう？　どうして、Impossible Missionじゃないんだろう？　そうであってもいいはずなのに、そうなっていない。つまり、これらは「beautiful → dress」の発想と逆の発想でつくられている表現ということになる。英語の奥は深い。

『ミッション：インポッシブル』は二つの単語の間にコロンが入っているけど、コロンは後ろで補足説明するときに使う記号。まさに、形容詞の働きをする語が後続しますよと予告している記号。この映画のタイトルには独特の言語センスが投影されていて、もし、映画のタイトルがImpossible Missionだったら月並みすぎてインパクトに欠け、この映画はヒットしていなかった。上記のすべてにそういう意図的な言語感覚が投影されている。だって、逆転した姿こそが英語的なんだから。ポパイだって、「ザ・セイラーマン・ポパイ」じゃ、世界中で歌ってもらえなかったと思う。やっぱり、「ポパイ・ザ・セイラーマン♪」だからこそ、子どもたちの心にも、耳にも残れたんだ。

第2章
INDIVIDUAL
ASCENDING
METHOD
[日／英]逆転の
謎を暴く

第２章

Point

# 前から飾る？後ろから飾る？

## 怖ろしいほどの逆転

日本語と英語がいかに逆転した文構造をもっているか、理解してもらえたと思う。だけど、ここでもう１回、とどめを刺す！　すごいサンプルがあるんだ。

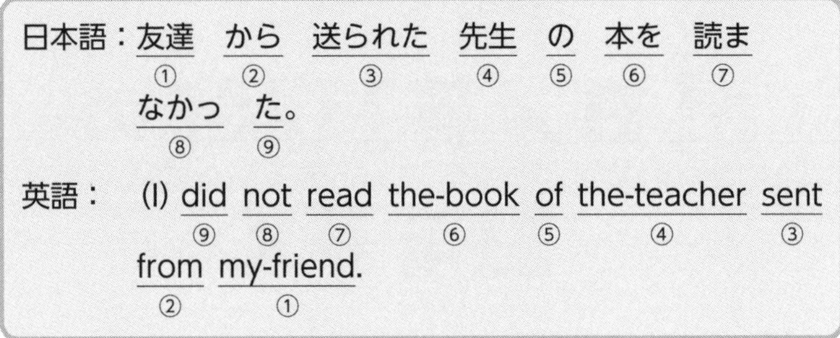

日本語：友達①　から②　送られた③　先生④　の⑤　本を⑥　読ま⑦　なかっ⑧　た⑨。

英語：　(I) did⑨ not⑧ read⑦ the-book⑥ of⑤ the-teacher④ sent③ from② my-friend①.

❖『世界言語への視座―歴史言語学と言語類型論』（松本克己著　三省堂 41ページ）　より

もちろんこういう文はいくらでもつくれるんだけど、日本を代表する比較言語学者の［日／英］逆転を証明する論文中に出てきた例文なので、あえてそのまま引用してみた。つまり、今ボクがやっている［日／英］逆転の現実への考察が、正統な検討法であることを理解してほしいわけ。そしてこういう考察は、ボクが20年フィリピンにいた間、１冊の日本語文献も、１冊の英語文献も読まずに、すべて自分の「話す英語」の体験から抽出していた気づきであったことを理解してほしいわけ。

まずは、これほどまでに［日／英］の文構造が厳密に逆転していることに注目してほしい。「読まなかった」という部分の助動詞（た ↔ did）の語順までも精確に逆転対応している点がすごい。

この日本語は変えずに、英語だけちょっといじってみる。そうしたらもっとおもしろいことがわかる。

日本語：友達から送られた → 先生の本 を読まなかった。

英語： I did not read **the-book of the-teacher**
← **(that was)** sent from my-friend.

さあ、どんなことがわかるでしょう？　考えてみて！　いじった英文では関係代名詞 that を使った文になっています。だから the-book of the-teacher は先行詞。波線をつけた部分は先行詞を修飾している関係詞節。もともとの英文に that was を挿入しただけで完全な関係代名詞を使った文になっている。「あれっ、関係代名詞って、悩むような問題じゃなかったってこと？」って、気がしない？　そう、関係代名詞であるかどうかなんて関係ないんだ。ただ一点、英語は日本語とは逆に、修飾語は名詞を後ろから飾るのが基本なんだってことを知ってさえいれば、それで済むだけのハナシ。「オレ、悩んでたの、バカじゃネ？⤴」って、気すらしてくるはず。さあ、簡単にまとめてしまおうぜ。こうなるよ。

**日本語は前から飾る　➡　修飾語 → 被修飾語**

例）美しい → ドレス

**英語は後ろから飾る　➡　被修飾語 ← 修飾語**

例）President ← Elect
例）glass ← broken by hammer
例）the book of the teacher ← sent from my friend
例）the book of the teacher ← that was sent from my friend

英語を理解する場合、まず英語と日本語は、基本的に、語順が逆転するんだってことを自覚しておくことが一番大切なんだ。関係代名詞を使った長い表現だって、関係代名詞を省略した表現だって、たった一語の形容詞だって、修飾語はみんな名詞の後ろにくっつけちゃうのが基本だっておぼえてしまえばいい。そうすれば、英語の原理が非常にわかりやすいものになる。そう考えれば、「beautiful dress は、たしかに、例外だわ！」って、気がするでしょう？それでいいんだよ。この例外をどう考えるべきかってことに関しては、これからゆっくり説明する。今は、とりあえず、例外として忘れておこう！

Point

# インド・ヨーロッパ語を、知ろう！

英語はインド・ヨーロッパ語の一つなんだけど、このインド・ヨーロッパ語のことを、略して印欧語って呼ぶ。こっちのほうが短くってパソコンに入力しやすいし、なんかアカデミックな感じがするから、この漢字言葉を使うことにする。よろしく！

## 印欧語ってなんだ？

ヨーロッパの言語って単語も似ているし、文法も似ている。比較言語学上は、ヨーロッパの言葉はみんな血のつながった兄弟みたいなものだってことになっている。しかもインドの言葉も、イランの言葉もそれにつながっていて、18世紀後半、裁判官としてインドに赴任していたウィリアム・ジョーンズってイギリス人が、そのことを発表したら、ヨーロッパ中に激震が走った。彼らの信じていた人種的優越感みたいなものが、自分たちの言語がインドやイランの言語につながっていると言われて、一挙に崩れかかったわけだ。まあ、西洋人っていうのは最近までその程度だったってこと。でも彼らのえらいところは、それから真剣にインドの古代のサンスクリット語や、イランのアヴェスター語を研究し始めたことだね。彼らが勉強熱心なのは間違いない。

その研究の結果、インド、イラン、アナトリアと呼ばれたトルコ、北欧やロシアもふくめて、全ヨーロッパの言語、つまり英語をふくむそれらすべての言語がみんなつながっていたことが音韻学や文法の分析を通して証明されちゃった。それらを総称して印欧語（Indo-European language）と呼ぶ。まず、これが認識の第一歩。だから、英語を考えるとき、英語の謎の部分は印欧語の背景から考えなければ解けないことになる。

次に、常識的な好奇心からすれば、「その印欧語ってやつ、いつ頃、どのへんから広まっていったんだ？」ってことが気になるはず。当然のことだよね。誰だって知りたくなる。とりわけヨーロッパ人は、自分の優越感が維持されるかどうかの大問題だったから必死に研究した。もし印欧語の源流がインドだってことになったら、イギリス人の自尊心や優越感は一瞬にして崩れ去り、彼らの世界支配の根底すら危なくなった。彼らは真剣だったはず。実は、今も真剣だけど、でもさほどの緊張感はない。なぜなら印欧語の源流はインドやイランではないことはもうはっきりしているから。

さあ、こういう好奇心から発生したのが印欧祖語（Proto-Indo-European language）の研究なんだ。印欧語のもとになった言語はどんな言語で、いつ頃、どのあたりに広がっていた言語なんだろうって疑問だよね。これは、西洋人じゃなくても、知的好奇心をもっている人間なら誰でも知りたいこと。西洋史の謎を解く当然の疑問であり、好奇心の核心。それが印欧祖語探し。

結論から言うと、印欧祖語の痕跡は紀元前7000年頃までさかのぼりうる。つまり、今から9000年前あたりまで遡れる。けっこう古いね。人類の歴史自体はもっともっと古いけど、学問って、動かぬ証拠を提出しなきゃいけないから、確実に言えることはかなり限定されてくる。ここがつらい。ちなみに、日本の縄文時代ってどのくらい古いのかっていうと、縄文時代の草創期は紀元前１万5000年～１万3000年だっていうんだから、驚くね。これは印欧祖語どころのハナシじゃなくなる。1992年から発掘の始まった青森県三内丸山遺跡は紀元前3900～2200年あたりの遺跡で600に及ぶ竪穴式住居が見つかっている。一家族５人と計算すると3000人の集落。こんな遺跡が日本にはまだまだあるらしいから、縄文期の日本列島はすでに文明圏。興味津々だけど、本書でそこには深入りできない。でもそういう時間軸が日本にあったことを意識しておくと、西洋文明がよりリアルに想像できる。メソポタミア文明が紀元前5500年頃と言われても、縄文文化の時間軸と比較すると別に驚く必要はなくなる。

次は、どのあたりだったのかという疑問。もともと、印欧語の原郷はウラル山脈とカフカス山脈の間、ウクライナ東部からロシアの草原地帯までと想定されていた。今はポントス・カスピ海ステップ（Pontic-Caspian steppe）という言い方をする。ポントスというのはアナトリアの北部でカスピ海沿岸部。そこをふくむ黒海とカスピ海の中間地域。黒海とカスピ海の間のコーカサス山脈の北側は広大な草原地帯だから、人間の自由な移動を地理的条件が支えていた。人間が裸馬に乗り、車輪をつくって馬車で移動するのが可能になったのも今のカザフスタンあたり。しかも草原にはめっぽう好戦的な部族がいたことが墳墓の発掘からわかっている。今日のウクライナ紛争は、まったく同じ地域で、約１万年前から始まっていた。

英語を理解するためには、そして英語と日本語の逆転現象を理解するには、この印欧祖語族の生き方を、消えた言葉を復元する研究を通して探ることが必要になる。そもそも西洋史って複雑怪奇で、「わけわからん！」って、気がする。でも何か一つ好奇心の対象を見つければ、なんとか斬りこめる。「beautiful dress は例外だなんて言ってるけど、ホントかよ？」って疑問をもってもらえれば、複雑怪奇な世界にもその好奇心に引かれて入ってゆける。だから、逆転の謎を解くという問題意識を忘れずに、推理小説なんかを読む感覚で、この先のページをめくり続けてもらいたい。

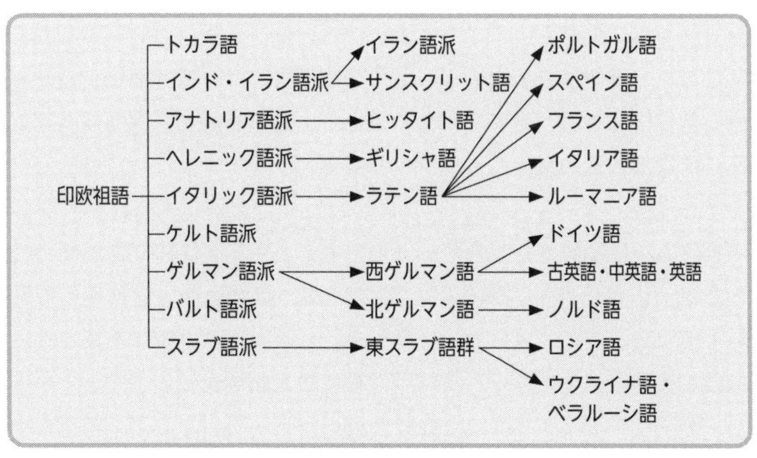

実際の系統図はこれより何十倍も複雑だけど、これから必要になる言葉を中心にまとめると、こんな感じになる。これがいわゆる印欧語の世界。たしかに英語もゲルマン語の子孫であることがわかるね。この視野を意識しながら英語を理解しないと、英語の本当の姿は永遠に理解できない。でも、印欧祖語に当たりをつけておくのは、今はこの程度にしておこう。これ以上突っこむと、ハナシが抽象的になってピンとこなくなる。それより英語と日本語の間の逆転に的をしぼり続けていこう。その背景が印欧祖語の世界にまでいくんだと理解していてほしい。

## 逆転の本質は何？

印欧語であれ、それ以外の言語であれ、その言語の本質をつかむには修飾語と被修飾語の関係をつかむのが一番いい。言語を理解するには音韻論という切り口もあるけど、音の問題を文字のレベルで論じると、ほとんどの人は眠くなる。ボクも眠くなる。だからやらない。修飾語と被修飾語の関係でとらえるのが一番わかりやすい。

この場合、とても便利な文法用語がある。それは日本語文法を理解するときに使う**「連体修飾」**という言葉と**「連用修飾」**という言葉。ボクは昔々、古文の先生をやっていたから、毎日の授業でこの言葉を使っていた。名詞のことを日本語文法では「体言」と呼ぶし、動詞のことは「用言」と呼ぶ。だから名詞を飾ることを「連体修飾」と呼び、動詞を飾ることは「連用修飾」と呼ぶ。名詞を飾る言葉はすべて「連体修飾語」であり、動詞を飾る言葉もすべて「連用修飾語」になる。これはすごく便利な言葉だ。

英語と日本語は語順が逆転している。でも、どうして語順が逆転するのか、その理由は「連体修飾」の構造と、「連用修飾」の構造を［日⇄英］で比較すれば見えてくる。逆転、逆転といったって、しょせんは、飾る言葉と飾られる言葉の順序の問題にすぎない。その問題をとらえる場合に、名詞を中心にとらえるか、動詞を中心にとらえるかという違いがあるだけなんだ。言葉というのは、事物の「名前＝名詞」と、「動作＝動詞」の問題にしぼりこまれる。

## 連体修飾における逆転

より簡単なのは、名詞を中心に見るとらえ方。つまり、連体修飾における逆転の現実だね。だからこれを最初に片づけてしまおう。そのあとで、連用修飾の問題に立ち向かう。この二つの逆転の謎を解けば、英語と日本語の間にある逆転の謎はすべて解明されると思う。そしてペラペラ英語を話すための、具体策の考察に進んでいける。この先はこういう流れで展開していこうと思う。もちろん、例外としての beautiful dress の理解と、PPAP 大ヒットの謎解きもちゃんとやる。

ところで、連体修飾、つまり名詞を飾るパターンは以下の３種類に分類できる。

| | |
|---|---|
| a）属格 | 僕の → 本 |
| b）形容詞 | 難しい → 本 |
| c）連体句・関係節 | 僕には読みづらい → 本<br>僕が読んだことのない → 本 |

英文法では属格のことを所有格と呼んでいる。でも比較言語学では、属格（Genitive）って言葉を使うのが普通だから、この本でも属格という言葉を使うことにする。上に挙げた例はみな、日本語の表現方法だけど、これらを英語にすると以下のような表現になる。

| | |
|---|---|
| a）属格 | *my* → book / a book ← *of mine* |
| b）形容詞 | *difficult* → book<br>President ← *Elect* |
| c）連体句・関係節 | book ← *difficult to read for me*<br>book ← *that I have never read* |

具体例を出すとわかりやすい。冠詞はもう少し外したままにしておく。日本語のパターンと英語のパターンを比較すると、まずc）のパターンが完全に逆転していることがわかる。修飾語が長くなると、英語では修飾語を名詞の前に置くことはできないんだ。だから長い修飾語はすべて名詞の後ろにまわってしまう。これは英語の絶対的な原則。でも日本語では、修飾語がどんなに長くても、きちんと名詞に対して前からかぶさってゆく。たとえば、「難しい漢字がたくさん出ていて僕なら絶対に読まない → 本」みたいに、連体修飾語はどんなに長くたって、日本語ではそれを名詞の前に置く。これが日本語の絶対的原則。でも英語では、長い連体修飾語はかならず名詞の後ろに置く。ここが否定しようのない明白な逆転の事実。

ところで、a）とb）に関しては曖昧な事実が確認できる。a）とb）はどちらも連体修飾語が長いわけではない。連体修飾語の短いパターンがa）とb）。この場合英語では、名詞を前から飾るパターンと後ろから飾るパターンの二つある。中学の英文法では前から飾るパターン、つまり属格を名詞の前に置くmy bookと、形容詞を名詞の前に置くdifficult bookにしかふれてくれなかった。だから日本中のロータリアンが、形容詞が名詞の後ろにきていたPresident Electに困惑し、「会長エレクト」と訳したんだったよね。

属格だろうが形容詞だろうが、しょせんは連体修飾語。英語では短い連体修飾語は名詞の前にも置けるし、後ろにも置ける。なぜ両方に置けるルールが生まれたのだろう。そして、短い連体修飾語は名詞の後ろにも置けるのに、どうして日本の中学ではここをちゃんと説明しなかったのだろう。こういう根本的な疑問がわいてくる。しかしボクは、ここが長い間疑問ですらなかった。だから、ここが日本の英語教育の一番暗い部分。つまりさ、ここにこそ英語の本質を理解する秘密が隠れているのさ。

実は、ここは英語の歴史を振り返らないと理由が見えてこない部分なんだ。しかも、イングリッシュの歴史はイングランドの歴史と一体化しているから、イングランドの歴史がわかっていないとイングリッシュの歴史もわからないことになる。たぶん、ここの認識が日本の英語教育では甘いんだと思う。英語教育の中から英語の歴史が抜け落ちている。だから、まずはイングランドの歴史を振り返る必要がある。これは実はとてもおもしろい。ここがわかると英語の謎が自然とあぶり出されてくる。しばらくは、楽しい読みものだと思って読み進めてほしい。

Point

# イングランドの歴史が先だ！

## ゲルマン人がやってきた

イングランド南部には有名なストーンヘンジ遺跡がある。その遺跡はB.C.2500年頃のものとされ、相当に古い。その遺跡を構築したのは地中海周辺から北上してきたイベリア人といわれており、謎は多いが、ブリテン島での石器文化を築いていた人々と言えるだろう。

次にブリテン島へやってきたのはケルト人。彼らは鉄器を駆使した人々で、島に乗りこんできた最初の印欧語族とされている。第一波はB.C.600〜B.C.450年頃。彼らはライン川下流域あたりからやってきたようだ。しかし第一陣は後続の連中にどんどん押され、アイルランドやスコットランド高地へ北上していった。ケルト人の第二波は現フランスの北西部、大西洋に突き出たブルターニュ半島からブリテン島へ乗りこんできた人々。B.C.400〜B.C.250年頃。彼らは島の西部ウェールズに定着した。第三派はセーヌ川下流域から渡ってきたケルト人でB.C.250〜B.C.100年頃。これらがゲルマン人に先行したケルト人の流れ。

現在のフランス北部は、紀元前後はケルト人の住む土地でガリアと呼ばれていた。そのガリアを征服したのがカエサル（俗にシーザー）で、彼はそのときの様子を『ガリア戦記』に書き遺している。そのカエサルは、ガリアのケルト人がブリテン島のケルト人とつながっていることを知り、B.C.55年、54年、２度にわたりブリテン島に上陸し、同島からローマへ貢物を差し出すことを約束させ、同島のケルト人をローマ帝国に服属させることに成功する。ブリテン島（Britannia）はこうしてローマの一属州になったが、異変は大陸で起こった。ゲルマン人の躍動が目立ってきて、現ドイツ北部でローマの大軍がゲルマン人に壊滅させられたのだ。これはローマに陰りが差し始めるきっかけとなり、ローマ軍がゲルマン人の勢力範囲へ入っていけない状況が生み出された。この事態はブリテン島にも及び、ローマ軍は同島での駐留を維持することが次第に難しくなってゆく。410年にはブリテン島からローマ軍が完全に撤収してしまう。

大陸やブリテン島でのこの情勢変化に呼応して、ブリテン島北部のスコットランドにいた非印欧語族のピクト人が南下を始める。ピクト人は全身に彩色刺青を入れた異様な部族で、ケルト人との間に抗争が絶えなくなる。ブリテン島中心部に根を張っていたケルト人は劣勢に追いこまれ、窮余の策として大陸のゲルマン人に援軍を求めた。その援軍として最初に乗りこんできたのがジュート人（Jutes）。彼らは現デンマークのユトランド半島北部に住んでいた人々。彼らに続いて、同半島南部のゲルマン人つまりアングル人（Angle）やサクソン人（Saxon）もやってきた。こうして449年から始まったゲルマン人のブリテン島進出は、援軍を求めたはずのケルト人を辺境地域へ追いやり、援軍が援軍でなくなってしまう皮肉な結果をもたらした。600年頃にはブリテン島主要部はアングル人の住むところという意味でイングランドと呼ばれ、ブリテン島は新顔のゲルマン人が支配する世界に変わっていた。このゲルマン人のブリテン島への進出は、有名なゲルマン民族大移動の一部をなしていた。

英語の性格を理解するうえで、アングロ・サクソン人（Anglo-Saxons）、つまり、まだ大陸にいた頃のゲルマン人がどういう人間たちだったかを知っておくことは大きな意味がある。ゲルマン人はケルト人と同じ印欧語族だったが、ゲルマン人はめっぽう戦闘に強かった。それはタキトゥスの『ゲルマーニア』にくわしい。それによると、ゲルマン人の男は日々戦いに明け暮れ、日中は一時も刀剣を身から離さず、武勇のために死ぬことを怖れず、戦場での卑怯や裏切りを絶対に許さなかったという。負けたら部族まるごとが奴隷になる覚悟で生きていた。だから戦には女性や子供たちも同行し、戦闘で敗色が見えると女たちは「胸を露（あら）わにして」絶叫し、奴隷になる恐怖を訴えて男たちを鼓舞したという。なんともすさまじい。戦闘時はほとんど裸体で戦い、「戦闘に出ないときは、睡眠と飲食とにふけりつつ、無為に」日をすごしたという。彼らは「血をもって贖(あがな)いうるものを、あえて額に汗して獲得するは懶惰(らんだ)（怠け）であり、無能である」と考えていた。戦闘、殺戮(さつりく)、略奪こそがゲルマン人の生きる道だった。英語や印欧語の根本性格を理解するときには、それを話していた人々のこういう生態をリアルに想像することは意味がある。言語の性格が彼らの性格とつながるからだ。大陸時代のこういうゲルマン人の話していた言葉こそがゲルマン祖語だった。

英語の歴史をたどるときは大まかに、以下の時代区分を知っておかなければならない。

ゲルマン祖語時代：B.C.1000～A.D.500年
古英語時代：　　　A.D.500～1100年
中英語時代：　　　1100～1500年
近代英語時代：　　1500～1900年
現代英語時代：　　1900年～

アングロ・サクソン人がブリテン島へやってきたときから古英語（Old English）の時代が始まるが、この古英語の中身はほぼゲルマン祖語に近かった。だから言語的に見るかぎり、イングランドがイングリッシュを話す人々の国になったのは、ドイツ語のルーツであるゲルマン祖語がブリテン島に流れこんできたことから始まったと言える。しかし、しばらくは言葉の側面にあまり寄り道しないで、一気にイギリスの歴史をなぞってしまおう。

## ヴァイキングもやってきた

ヨーロッパ大陸からブリテン島へ流れこんできたゲルマン人は、先住のケルト人を周辺部へ追いやり、スコットランド以南のブリテン島中央低地部に住みつき、「アングロ・サクソン七王国」と呼ばれる部族国家群を築いた。その地域がまさにイングランドと呼ばれる地域になる。そして、その部族国家群形成期が「古英語」の形成期に重なり、アルフレッド大王（在位871－899年）と呼ばれた賢帝がその「古英語」の定着に尽力したことは有名である。時期的には500年から1100年までの600年間にあたる。

実はこの時期、すでに牧畜・農耕にいそしんでいたゲルマン人に予想もしない大異変が起こる。それはスカンジナビア半島から襲いかかってきたヴァイキングだった。ノースマン（Northman）と呼ばれたその北欧からの襲撃者たちは、８世紀後半から第一波、第二波、第三派と波状攻撃的にイングランドに襲いかかってきた。第一波はノルウェーのヴァイキング、第二波はデンマーク北域のヴァイキング、第三派はスウェーデンからのヴァイキングだった。彼らは長さ20メートル、幅５メートル、櫂(かい)も15対備えた川を遡行(そこう)しやすい船に帆柱を立て、１隻に50名から60名が乗りこんで、大船団を組んで襲ってきた。第二波は850年から始まったが、このときは350隻の大船団で襲いかかり、約２万人の海賊集団が一挙にロンドン近郊の海辺に上陸した。かつてはケルト人を放逐したアングロ・サクソン人だったが、このヴァイキングの襲撃に対しては立場が完全に逆転した。

ただ、このヴァイキングの襲撃は、殺戮や略奪のみを目的とした一過性の襲撃だったわけではない。彼らは次第に襲撃地への定住・植民の傾向を強めていった。その定住・植民の領域はイングランド北部から南部へと、漸次波状的に拡大していった。とりわけ第二波のデンマーク系の海賊集団はジュート人との共通因子をもつ人々だったから、襲撃地の住民との混血・同化は急速に進んだ。当然、ヴァイキングが話していた言語とすでにイングランドに根づいていた古英語との間に接触が起こり、古英語に重大な変化を引き起こすことになる。それについてはもう少し先でふれたい。

## ノルマン人もやってきた

ここから先の歴史はけっこう錯綜している。そしていわゆるイギリスが、いわゆるフランスに、占領され、支配された重大な歴史を知ることになるが、この歴史的事実を知る日本人は意外に少ない。ただ、その占領され統治されたしかたは、簡単な想像とは結びつかない複雑なものだった。それゆえにこそ、いわゆるイギリスを襲ったこれから述べる歴史上の異変を英語の歴史と重ねて説明することは、日本の英語教育からは完全に外されてしまったのだろう。しかし、フランスがらみのイギリスの歴史をきちんと理解しないと、錯綜した英語の形成過程が見えてこないのだ。そして、英語の理解も薄っぺらなものになる。

ことの全体をノルマン・コンクエスト（ノルマン人の征服／Norman Conquest）という言葉でくくることができる。この異変がイングランドで起こったのは、イングランドでのヴァイキング騒動が一段落したあとの1066年。しかし、この異変の端緒は、500年ほど前の大陸にあった。

５世紀末、ライン川とセーヌ川にはさまれた地域、それもイギリス海峡に面した海岸部に進出してきたゲルマン人がいた。彼らは３世紀頃から登場する人々で、ローマ人は彼らをフランク人と呼んでいた。そのゲルマン系フランク人が打ち立てた国がフランク王国である。このフランク王国はメロヴィング朝、カロリング朝と続き栄華を誇り、国土を拡大し続け、西ヨーロッパ全域をおおう大国になった。そして843年３つの国に分裂した。一つはイベリア半島サイドの西フランク王国で、後のフランス王国。二つ目は東側の東フランク王国で、後の神聖ローマ帝国。つまりドイツ。この中間地域を占めていたのが中部フランク王国で、その領地はイタリア半島の北半分にまで及び、そこが後のイタリア王国になる。イングランドの歴史に関わってくるのは最初に述べた西フランク王国。

この西フランク王国の北部、イギリスと向きあった海岸部にヴァイキングが襲いかかってきた。９世紀のことだった。つまり、北欧のヴァイキング（ノルマン人）はイギリスに襲いかかっただけでなく、フランスにも襲いかかったのである。彼らは海から船で侵入してくるが、彼らの船は吃水（きつすい）（船が水面から沈む深さ）が浅く、河口に入ってもそのまま川を遡行しやすいようにできていた。

彼らはそうして侵入した川をさかのぼりながら入植地を拡大していった。もちろん海賊だから略奪や殺戮は当然起こる。今日フランスでノルマンディーと呼ばれる地域は、そうして海賊のテリトリーになった地域である。ときの西フランク王国の王シャルル３世は、ノルマン人と和議を結び、彼らに居ついた地域の支配権を与えた。それは妥協的な政治判断だったが、そういう判断を下した理由の一部に、ノルマン人の適応性の高さがあった。ノルマン人は自分たちの言語を捨ててフランス語を話し、キリスト教を受容することを受け容れたのだ。彼らは認められた土地の人々とどんどん同化し、そうして生まれたのがノルマンディー公国だった。つまり侵略者のヴァイキングは西フランク王国の領土を一部割譲され、一領主に変貌したのである。ノルマンディーとは、ノルマン人つまり「北方の人」が居ついたところの意味だったから、このフランスの歴史もイギリスの歴史も、ともに北から襲ってきたヴァイキングを受容した点で共通していた。しかもその共通因子がフランスとイギリスを地理的・政治的に一体化させてしまう歴史を生み出した。それがイギリスから見た「ノルマン・コンクエスト」だった。

1002年、イギリスのエゼルレッド無策王がノルマンディー公リシャール１世の娘エマと結婚した。彼らの息子エドワードは幼少よりノルマンディーで暮らしていたが、1042年にイングランドに招かれて王座を継いだ。しかしこの王には子がおらず、後継者を遺さずに他界した。当然王位継承争いが起こった。イギリスではウェセックス伯のハロルド・ゴドウィンソンが自国で戴冠式を実施した。しかしノルマンディー側でもエドワード証聖王（エドワード懺悔王とも訳される）の庶子ウィリアム公が名乗りを上げ、さらにはノルウェーの王ハーラル３世（ハロルド・ハドラーダ）も王位継承権を主張し、王権をめぐる争いは三つ巴（どもえ）の争いとなった。

戦機は熟し、1066年９月、戦端は、イギリスのハロルド伯の軍がイングランド北方へ向かいノルウェー軍に奇襲をかけて勝利したことで開かれた。ハロルド軍にとっての本戦はノルマンディー軍との戦いだったが、本戦を前に北方の憂（うれ）いを解決しておくことがどうしても必要だった。その序盤戦で勝利したとはいえ、初戦で戦力を消耗したことはハロルド軍にとって痛手だった。ハロルド伯率いるアングロ・サクソン軍が南へ帰着する前に、同年10月、ノルマンディー軍はハロルドの本拠地イングランド南部サセックスに楽々と無傷で上陸した。敵将のいない間にその根城を襲ったのである。こうして両軍が正面衝突した戦いは、今日まで語り伝えられる「ヘイスティングズの戦い」となる。それはまさに、日本の天下分け目の戦、関ケ原と同じ戦いだった。勝敗は関ケ原同様1日で決した。ハロルド軍はウィリアム公の陽動作戦にはまって陣営を崩され、ハロルド伯本人が戦斧（せんぷ）で両腕を切り落とされ死んだ。イギリス軍は散り散りとなって敗走。ノルマンディー軍が勝利した。軍を率いたウィリアム公はウェストミンスター寺院で戴冠式を行い、正式にイギリス王ウィリアム1世となった。つまり大陸からやってきたノルマン人が、イギリスを、イギリス本土において征服したわけである。これを「ノルマン・コンクエスト」と呼ぶ。ここからイギリスの政治は大きく変わる。

このあとの5年間がイギリスの歴史を変え、そして英語の歴史を変えた。イギリスの土着の諸侯たちが大陸から乗りこんできた新しい王にしぶとく抵抗したのだ。そのことに不当性も何もない。ありえて当然の事態。しかしウィリアム征服王はその抵抗のすべてを撃破していった。その結果、その5年間のうちに、イングランドではアングロ・サクソン系とデンマーク系の貴族がことごとく消えてしまったのだ。つまり、ウィリアム征服王のまわりには国政に口をはさめるアングロ・サクソン系の貴族はまったくおらず、ノルマン人の貴族しかいなくなってしまった。教会の高位聖職者もすべてノルマン人で占められたので、イングランドの国家の支配層がまるごと入れ替わってしまった。古英語をしゃべっていた古い支配層はことごとく消え、フランス語をしゃべる王と貴族と聖職者だけが国を支配するようになってしまった。イギリスの政治、経済、文化、商業、その他諸々がフランス語でまわることになり、フランス語で維持されることになった。また宗教と学問の領域にはラテン語が流れこんできた。

英語を話していたアングロ・サクソン系の人々はどうなったのだろう？　彼ら一般民衆は国の下層に沈み、存在自体を無視されることになった。貧しく、無学で、権力と血のつながりもない人々だから、社会の底辺でひたすら生産に従事するしかなくなった。中英語期とはイギリスで英語が無視され、放置された英語の不遇時代だったのだ。しかし、歴史とは不思議なもので、この不幸な時代があったからこそ、英語は後に不死鳥のように生まれ変わることになるのだが、一気にそこへ話をつなぐことはできない。歴史的経過にもう少しふれてゆく必要がある。

以上の経緯は、はやい話が、フランスがイギリスを征服した話である。したがって、大陸には本家があり、イングランドは分家のような存在だった。その大陸ではウィリアム征服王の長男が本家ノルマンディー公国の王となり、次男のウィリアム２世が分家イングランド在住のイギリス王となっていた。そしてやがて、三男のヘンリー１世がイギリス王とノルマンディー公国の両王を兼務し、さらにはその息子のヘンリー２世が、本家の本家、つまりフランス王家の王妃エレノアと結婚したので、ヘンリー２世は棚からぼたもちのようにして広大なフランス王国の領土を手に入れた。この幸運なヘンリー２世の長男がリチャード１世で、彼はリチャード獅子心王と呼ばれ、第３回十字軍を組織したので、彼は完全なフランス趣味の人間だったが、イギリス国民は熱烈にこの王をほめたたえていた。問題はその弟、ジョンだった。この弟は兄を継ぎジョン王となるが、この王のやることはすべて国民の不評を買い、悪王で有名だった。しかし歴史はつねに皮肉である。

ジョン王は国民の悪評にまみれていたが、それは彼の離婚・再婚沙汰で頂点に達し、本家の本家、フランス王国のフィリップ王はジョン王に対して領土没収を宣言し、ノルマンディー公国にまで攻めこんできた。フランスの貴族法廷もジョン王を弾劾し、彼の所領剥奪を決定した。1204年、イギリスにいたジョン王はこうして大陸の領土すべてを失い、イギリスだけの王となり、欠地のジョン王と呼ばれた。

この変化を受け、すでにイギリスに同化していた貴族たちは1215年、無力なジョン王に大憲章（Magna Carta）を突きつけ、認めさせた。ここにイギリスはイギリスだけの領土に基づく国家の法の基盤を獲得し、貴族層もイギリスのみを支配する王に忠誠を尽くすことになった。イギリスという国の国家意識がここから始まった。悪王ジョンは歴史的には悪王ではなかったことになる。

1362年、英国議会が英語で開会を宣言した。1488年、英語が法律の書き言葉と定められた。そこに至るまでに百年戦争（1337－1453年）があり、この戦争は得るものこそなかったが、国民感情を一つにまとめる役を果たした。また、ペストの惨劇（1347年）もイギリスの歴史には貢献した。なぜならペストで国民の３分の１、約150万人が死んだが、死んだのはほとんど貧しい農民だったので、生き残った農民は逆に豊かになった。なぜなら農地を耕す農民の数が減り、貴族がいても、その支配地があっても、その土地を耕す人間がいなくなったからだ。こうしてアングロ・サクソン系の小作農の価値と力が高まり、それが英語を話していた底辺の国民の社会的影響力を高めることにつながったのである。

# Point 英語に起こった変化

こうしてイングランドは、名実ともに英語の国になった。しかし西暦500年の古英語期から、1500年に終わる中英語期最後までの約1000年間に、英語はゲルマン語から変貌しつつ激烈な変化を受けることになった。ここまで述べてきたイングランドの歴史を踏まえつつ、今度は、約1000年の間に起こった英語の変化を見てゆきたい。そこでは、英文法が無味乾燥な規則ではなく、歴史の変化が人間の思考に変化を与えた雄弁なる証言だと知ることになる。英語の変化は人間の生きざまの歴史的証言であり、しかもそれは、これからを生きる人類の可能性でもあることが見えてくる。

英語は、未来もふくむ人類まるごとの叙事詩かもしれない。
（ここから先は、内容がだんだん学術的になってゆくので、筆致を穏当な敬体に変えます）

## 古英語とは何か？

古英語とは、ドイツ語の古い方言の総称です。正確に言えば、大陸でジュート人や、アングル人、サクソン人らが話していた「古低地ドイツ語」と呼ばれるゲルマン語の、６世紀から12世紀までのイングランドにおける方言の総称です。つまり、古英語はゲルマン語であり、そのゲルマン語の中の大昔のドイツ語のイングランド方言が古英語です。今のドイツ語と英語の関係より、今のドイツ語と古英語の関係のほうがずっと近いのです。ですから、いまドイツ語を学んで感じる当惑は、単語の違和感を除けば、いま古英語を学んで感じる当惑とさほど変わらないはずです。

中学と高校で英語を学び、そして初めて大学でドイツ語を学んだ日本人が等しく感じる当惑は、英語とドイツ語のあまりに大きな違いであり、ドイツ語の煩雑な文法規則への違和感だったはずです。英文法とあまりに違う発想がどうして出てくるのか、どこから出てきたのか、それらの規則にどんな意味があるのかと、そう感じたはずです。これは自分自身の体験でもあるのですが、たぶん、同じ感想をもった日本人は非常に多いのではないだろうかと想像します。

自分では意気込んでドイツ語に取り組み始めたはずでした。分厚い文法書を何冊も買いこんで、徹底的に攻略するつもりでいましたが、無駄でした。ドイツ語はどうしても好きになれなかったのです。なぜ冠詞がこんなに変化するんだ、なぜ名詞と性がこんなに一体化しているんだ、そして、なぜこんなに名詞が格変化を起こすんだと、印欧語の文法構造がまるでわかっていなかった当時の自分には、ドイツ語は異次元の異物のようでした。

しかし、この違和感はもう一つ別の違和感へとつながりました。それは大学院へ進んで、サンスクリット語を学び始めたからです。『ヨーガ・スートラ』の研究をしようと思っていたので、学部４年の初めから西洋哲学からインド哲学への鞍替えを決めていました。大学院の先輩が成田山新勝寺から借り出してきたサンスクリット語の文法書のコピーを手にして、そのコピーサイズの大きさと、分厚さと、各ページに延々と書きこまれてあった活用一覧表の羅列を見て、目が点になり、嘘ではなく一瞬息をのみました。それはドイツ語どころのハナシではなかったのです。難しいと思っていたドイツ語が、なんてやさしい言語だったのかと後悔を感じたほどでした。この厳密な文法規則を大昔のインド人が口頭で使い分けて話していたという現実を想像して、気の遠くなるような驚きをおぼえました。

しかし、ドイツ語にふれたときには見えなかったことが、サンスクリット語をかじり始めたことでいくつも見えてきました。自分がその後、英語と深く関わってゆくことになる好奇心を刺激したのもサンスクリット語でした。それは、大学院を出たあとに予備校で古文を教え始めた視点から、[英語＝サンスクリット語＝日本語］と連続させて鳥瞰（ちょうかん）したときに、つながらないはずの英語と日本語が、［a＝b＝c ➡ a＝c］というロジックで、見事につながっていることに気づいたからです。英語に対する好奇心はそのときスイッチが入ったようです。そして他の印欧語をかじるときも、気軽にかじるくせがそのときからつきました。

ところで、英語もドイツ語もサンスクリット語も印欧語です。印欧語の極端な例としてサンスクリット語はよく例に出されますが、そのサンスクリット語から眺めれば、ドイツ語の意味不明に見えた煩雑な文法構造はコンパクトな一つの思考の枠として、理解可能なレベルに落ちてきます。きらいだったドイツ語ですが、この先を書き進めるためだけに、コンパクトに「古英語＝昔のドイツ語」のアウトラインを説明してみます。渡部昇一先生の『英語の歴史』をまとめるかたちで説明します。

まず最初に、名詞の格について説明すべきでしょう。現代ドイツ語の名詞は、１格（主格）２格（属格）３格（与格）４格（対格）と四つの格をもっていますが、古英語も四格をもっていました。つまり１個の名詞は四つの語形変化（名詞語末の変化）を起こしますので、１個の名詞につき、四つの変化形を識別できなければなりません。しかも西洋の言語はすべて単数形と複数形の違いに異常なほどにこだわりますから、当然、複数形の語形は単数形と違ってきます。つまり、１個の名詞は８個の名詞に変化します。会話ならそれを瞬時に聴き分け、言い分けなければコミュニケーションが成り立たなかったことになります。おまけにドイツ語ではすべての名詞は男性・女性・中性に分かれますから、そして各性によって名詞の変化パターンが違いますから、実際上は４格×２数×３性＝24の語形変化が存在します。つまり現代ドイツ語であろうと古英語であろうと、名詞１個を聴き分け、言い分けるには、瞬時に24の違いの中から的確な一つを選び出す識別力が要求されることになります。まさに、Oh, my God!　です。英語を普通と思っている感覚からは、ドイツ語に対する信じがたいほどの不信感と嫌悪感が生まれます。

ところが、この嫌悪感と不信感は、さらに何倍にも膨らみます。なぜなら、定冠詞も格変化を起こすからです。英語の定冠詞は the しかありません。しかし現代ドイツ語では、名詞の前に置く定冠詞が四つの格と三つの性に対応して違う変化を起こします。ドイツ語を学んだ人なら誰でも知っていることですが、たとえば、男性名詞の前に置く定冠詞なら１格から４格まで、der/des/dem/den と変化し、女性名詞なら die/der/der/die と変化し、中性名詞なら das/dem/das/das と変化します。名詞が複数形なら性の違いは無視されますが、それでも die/der/den/die と変化します。これらを使う場合には、きちんと名詞の格と性と数に対応させてやらなければなりません。つまり、現代ドイツ語では定冠詞は４格×４＝16の違いを使い分けられなければ、読めないし、話せないということになります。

そのうえ古英語では、格はもう一つ増える（ただし、単数形の男性・女性・中性だけ加わり、複数形では加わりません）ので、16＋３＝19の違いになります。定冠詞は the しかないものだと思いこんでいた人間にとっては、これはもう怒りに近いものになります。そもそもすべての名詞の性をおぼえていなければ定冠詞もつけられないので、呆然自失、「ふざけんな！」という気にさえなります。おまけに冠詞は定冠詞だけでなく、不定冠詞もあり、これもまた定冠詞とは違う変化を起こします。現代ドイツ語では16通り、古英語では18通りです。「ふざけんな！」という印象はとっくに通り越します。

さらにです、形容詞まで名詞にきちんと対応して語尾変化しますから、ドイツ語も、古英語も、とんでもありません。「いい加減にしろよ！」なんて言っても、どうにもなりません。ドイツ語は、動詞に関しても今の英語よりずっと複雑ですが、やめておきます。理解してほしいのは印象のレベルだからです。こういう世界が古英語の世界だったと想像してもらえるだけで十分です。

## 名詞の「格」ってなんだ？

ドイツ語はいまだに好きになれません。学び直すつもりもありません。それよりラテン語のほうがずっと好きです。かろやかで心にフィットする感じです。ですから、印欧語における名詞の「格」というものを、もう少しくわしく、ラテン語を使って説明しておきたいと思います。そうしないと、この先のハナシが抽象的すぎて、本書を読んでくれる中学生や高校生には、ボクのほうが「ふざけんな！」と言われてしまうかもしれないからです。英文法では「格」は、主格、目的格、所有格と三つ出てきます。「格」とは、名詞が文の中で果たす文法的な役割のことです。この役割の違いを表す場合に、英語では語形を変えませんが、普通の印欧語では語形を変えて「役割＝格」の違いを表現します。

名詞でも動詞でも、一つの単語の語尾を変化させて単語の意味に違いを生み出す言語を屈折語（Inflecting language）と呼びます。印欧語は屈折語で、ラテン語も屈折語ですから、ラテン語の名詞は語末が変化します。たとえば「門」という名詞を例に出します。「門」はラテン語では porta です。英語の passport の後半の部分の語源です。

この porta（女性名詞・単数）は、主語（主格）になるときは port**a**（門**が**）／所有格（属格）になるときは port**ae**（門**の**）／間接目的格（与格）になるときは port**ae**（門**に**）／直接目的格（対格）になるときは port**am**（門**を**）／起点を表す格（奪格）になるときは port**ā**（門**から**）と変化します。

語末の太字の部分が「格変化」です。たった一つの名詞を使うにも、つまり話すにも、聴くにも、読むにも、書くにも、これだけの変化を瞬時に判断できなければ、「門」を使えないのです。しかもこれは単数の場合だけですから、「門」が複数になると違う変化を起こします。つまり「門／porta」は10のバリエーションを知っていなければ正確に理解できないわけです。これで、屈折語である印欧語というものが、つまりは古英語というものが、いかに煩雑な言語であったかが想像してもらえると思います。

ちなみに、動詞でも、amō（愛する）という語があった場合、am**ō**（私が愛する）／am**ās**（きみが愛する）／am**at**（彼が愛する）／am**āmus**（私たちが愛する）／am**ātis**（きみたちが愛する）／am**ant**（彼らが愛する）と変化します。動詞の場合には、人称が関係してきて、その場合に、人称が単数か複数かによって上記のように六つの語尾変化（conjugation）が生まれます。しかも動詞は時制を反映しますので、これは現在形の変化にすぎません。

ラテン語の時制は、①現在、②未完了、③未来、④完了、⑤過去完了、⑥未来完了と６パターンありますから、動詞の語尾変化は、たった一つの動詞でも６×６＝36通りの語尾変化をおぼえておく必要があります。おまけに接続法と呼ばれる文法概念があって、動詞に気持ちが反映する場合はまた違う変化を起こします。さらにです、以上は能動態の場合だけで、動詞は受動態になると、さらにまったく違う語尾変化をしますので、おおざっぱに言って、たった１個の動詞をきちんと見分けるには120～140個の変化形をおぼえていなければなりません。

おまけに、おまけにです、動詞はいくつもの変化グループに分かれますから、動詞全体を把握するには気の遠くなるような記憶上の目配りが要求されます。自分が心地よいと感じるラテン語でもこのとおりですし、このラテン語でも、サンスクリット語に比べたらかわいいものです。西洋人の頭の中は、いったい、どうなっていたのでしょう？

この印欧語に対して、わたしたちの日本語をちょっと対比しておきましょう。日本語は、屈折語に比べて非常に変わった原理を使う言語です。たとえば名詞なら「林檎・から・さえ・も～」などと付属語をくっつけて表現をつくりますので、名詞の「林檎」自体は一切変化しません。信じられないほど簡単なのです。動詞だって「しぼり・たかっ・た・はず・の～」などと、どんどん付属語をくっつけて表現を複雑化してゆきます。「しぼる」という動詞自体の語尾変化はほんの数個です。このように自立語に付属語を団子のようにくっつけて表現を生み出す言語を膠着（こうちゃく）語（agglutinating language）と呼びます。膠着の「膠」は「にかわ」の意味です。日本語は、単語の変化パターンから見たら、間違いなく世界で一番やさしい言語です。以上を、古英語を想像する場合の参考にしてください。

## 古ノルド語がもたらした変化

古低地ドイツ語がイングランドに根づいた一種の方言の総称が古英語（Old English）でした。ですから、Old English と後世の人が呼んでも、その実体は古いドイツ語です。そして、ドイツ語は古くても新しくてもゲルマン語に属する言語ですから、古英語はゲルマン語がもつ全体的な傾向を引き継いでいたことになります。その傾向の中でも一番重大な問題がアクセントでした。

ゲルマン諸語はみな、アクセントが第一音節に落ちる性質をもっています。つまり第一音節の母音を強く発音するのです。耳への印象としてはメリハリのきいた力強い印象を与えますが、その反動で、第二音節以下は弱くつけ足しのような感じで発音されます。つまり、語末が不明瞭な音になります。これを屈折語尾の弱化と呼びます。

どういうことが起こるでしょう。名詞でも動詞でも、とりわけ名詞では、格や数が名詞の最後の部分にこめられていますから、その部分が聞き取りづらくなります。動詞の場合なら人称や時制が不鮮明になります。これはドイツ語だけでなくゲルマン語全体の傾向なのですが、ブリテン島という新天地に乗りこんできたアングロ・サクソン人やジュート人にとって、環境の激変した世界では、なおさらこの傾向が鮮明化したはずです。つまり、それは弱化どころではなく、屈折語尾の水平化という固定的な傾向に帰着したのです。つまり、語頭はアクセントがあって明瞭でも、語の後ろは抑揚もアクセントもなくフラットになったのです。

すると、語形変化する語の格や、数や、性や、人称や、時制等が不鮮明になり、語の識別機能が失われてゆきます。こういう傾向が、イングランドの古英語ではどんどん顕在化してゆきました。これはきわめて深刻な問題でしたが、これはゲルマン語にとっての避けられない宿命でした。

ちなみにラテン語では、２音節の単語の場合はアクセントは第一音節に落ちますが、それ以外ではドイツ語と違ってきます。３音節以上の単語では語末から二つ目か三つ目の母音にアクセントが落ちますので、簡単に言えば語尾の発音は不鮮明にならないのです。ですから、格変化は明瞭に発音されて、語の識別機能も失われません。たとえば、「仕事」という意味の、negōtium のアクセントは ne・**gō**・tium と第二音節の太字の **gō** に落ちますので、語末の活用部分は十分な明瞭さを保ちます。これはラテン語が長生きした秘密の一つです。

こういうわけで、新天地に流れ着いた古低地ドイツ語は、非常にやっかいな問題に直面しました。そこにもっとやっかいな問題が襲いかかります。それは海賊ヴァイキングの襲来でした。北欧のヴァイキングの言語は古ノルド語（Old Norse）でゲルマン語の一つです。ドイツ人も北欧人も同じゲルマン民族です。そのヴァイキングがイングランドの北部に侵入してきました。そしてイングランド北部で土着化し、現地のアングロ・サクソン人と同化・混血してゆきます。当然、古ノルド語と古英語の間で交流が発生します。古ノルド語も古英語もどちらもゲルマン語ですから語幹がほぼ同じです。ということは、語の意味はなんとか連想できるのです。しかし、ノルド語の語尾と古英語の語尾は違いますから、個々の単語が厳密にはどういう意味なのか、互いに理解しあえない現実が生まれます。名詞の格変化や動詞の活用語尾を、互いに理解しあえないわけです。当然、誤解や意思疎通のトラブルが起こります。

この混乱はイングランド北部から南部へゆっくりと伝播してゆき、最終的にはイングランド全体が古英語の混乱という現実に包まれました。人々が困惑し、自分たちの言語がコミュニケーションの用を足せないという深刻な現実が生まれたわけです。語尾の弱化、水平化という先行していた困難は、さらに深刻な困難に直面したわけです。

その結果、どういう現実が生まれたかというと、北部イングランドの住民は、古英語の屈折語尾を切り捨てるというとんでもない暴挙に出たのです。「役に立たない語尾変化なんか捨ててしまえ」というわけです。それが解決につながるはずがありません。混乱はさらに混乱を深め、古英語は自己破壊の道を進みました。そういう古英語の混乱が10世紀から11世紀にかけて激化していったわけです。それは、英語の歴史にとっての危機でした。しかし、古英語の中に復元力はありません。そこにまた別の、まったく新しい波が押し寄せます。もちろんノルマン・コンクエスト、つまりフランス語の波です。

## フランス語がもたらした変化

ノルマンディー公国のフランク人がイギリス海峡を渡ってイングランドを征服したことは、すでにくわしく説明しました。そしてイギリスという国家がまるごとフランス語国家に変貌したこともすでに確認してあります。そのフランス語が国を支配していた間、混乱していた英語はどうなったのかというと、もちろん無視され、放置されたわけです。古英語が語尾を失おうが、人々がコミュニケーションで混乱に落ちこもうが、支配者のフランス語を話す人々にとっては、それはどうでもいいことでした。

イギリスが大陸のフランスから切れて、独自の道を歩み始めたのは1300年代の半ばからです。それは政治的な独立であったと同時に、国民意識が育ってゆく道のりの開始でもありました。その自覚は当然、混乱した英語を立て直す努力に結びついてゆきますが、当初は、本格的な努力にはなりません。ひたすらフランス語、ラテン語、ギリシャ語の借用に努め、外国の語彙の取りこみで不足を補おうとします。そういう外来語の借用は1400年にピークに達し、2回目のピークは1600年に訪れます。２回目のピーク時はすでにシェークスピアの時代になっていて、英語の復興が本格化していました。その流れは近代英語を生みだす努力となってゆくのですが、そこで起こるドラスティックな英語復活の謎を探り、[日／英] 逆転の謎を解くのが次のターゲットになります。ただそれをするには印欧語そのものの歴史を振り返り、印欧語としてのラテン語やフランス語がどういう変化をへていたかを知らなければ、本当の意味での英語復活の謎は解けません。

フランス語やラテン語の単語の流入自体は表層的な問題ですから、本書ではふれません。もっと根源的な側面をえぐり出します。そのえぐり出し方は動詞を中心とする連用修飾の側面からするのですが、その作業は、どうして見放されていた英語が世界を先導する言語にまで生まれ変われたのかを見事に証明するでしょう。楽しみにしていてください。ところで、その問題に取り組む前に、ひとつ「けり」をつけておきたいことがあるのです。それはフランス語の影響から生まれた［日／英］逆転現象の最初の謎解き、つまり連体修飾における逆転の謎解きです。簡単に終わりますから、まずこれを片づけましょう。

## プレジデント・エレクト&ポパイ・ザ・セイラーマン

ノルマン・コンクエストを説明したときに、たくさんの王様の名前が出てきました。なんとなく違和感があったはずです。それらは、エゼルレッド無策王、エドワード証聖王、ウィリアム征服王、リチャード獅子心王、欠地のジョン王などです。これらは国民の間での王様のあだ名でした。この英語を確認するとおもしろいことがわかります。

エゼルレッド無策王 － Æthelred the Unready
エドワード証聖王 － Edward the Confessor
ウィリアム征服王 － William the Conqueror
リチャード獅子心王 － Richard the Lion-Hearted
欠地のジョン王 － John Lackland

無策とか、証聖（懺悔者）とか、征服とか、獅子心とか、そして欠地とかいう表現は、各王の能力や偉業や愚策を象徴している、いわば各王の側面を言い当てた形容表現です。つまり、このような王の名は、王の名の後ろに形容詞を置いてあるわけで、このような表現法はイングランドがフランス語に支配されていた時代に定着した表現です。簡単に言えば、フランス語流の言い回しなのです。フランス語では形容詞は名詞の後ろに置くことは、フランス語を学んだ人なら誰でも知っているはずです。もう謎は解けましたね。

すでにふれてあった、Alexander the Great、Billy the Kid、Popeye the Sailorman などの言い方とまったく同じなのです。波線部はしょせん形容詞です。フランス語としてはごく自然な表現です。それが英語表現にも入りこんでいたのです。この事実を踏まえるなら、President Elect という表現は、なんの変哲もないフランス語風の表現であることがわかります。とりわけ elect はフランス語起源の言葉で、語源はラテン語の legō「選ぶ」です。フランス語は俗ラテン語の一つでしたから、フランス語とラテン語がつながっているのは当然です。つまり、イギリスにフランス語が流れこんできたときに、表記法もフランス語流がイギリスに入りこんでいたのです。そう考えれば、Consul General（総領事）という英語の謎も解けます。general はフランス語起源で、語源はラテン語 generālis「全般的な」です。そもそも Consul という名詞はラテン語で、ローマ帝国が属州を支配するときに各地に送りこんだ「執政官」を意味した用語です。今日の外交語の中に歴然とローマ帝国の歴史が生きているのです。

フランス語やラテン語起源の形容詞で名詞を飾る場合は、意識的にその形容詞を名詞の後ろに置いて、由緒や風格をにおわせ、普通の英語表現とは違うニュアンスをかもし出そうとする言語感覚が英語圏の人々にはあるのです。普通の英語つまりドイツ語風の表現より、そっちのほうがちょっとお洒落な感じになるのです。そう考えれば、Mission : Impossible という映画のタイトルも謎が解けます。impossible はフランス語の impossibile、ラテン語の impossibilitās が語源です。相当お洒落な言いまわしです。そうそう、何度もふれた dress beautiful だって変でもなんでもありません。だって英語の beautiful は、フランス語の beaute、ラテン語の bellus が語源だからです。

ドイツ語は、形容詞は名詞の前に置きます。ですから、a beautiful dress はドイツ語流、a dress beautiful はフランス語流です。日本の中学校では「形容詞＋名詞」はドイツ語流だよと教えてくれません。ここが日本の英語教育の闇につながっていました。英語には「名詞＋形容詞」という語順もあって、こちらはフラン語流なんだと生徒に教えなければならないのです。ここまで真相がわかってしまうと、結局、名詞を飾る連体修飾のパターンは　① AN 型／② NA 型　という 2 通りのパターンがあるのだとわかります（A は形容詞 Adjective の略。N は名詞 Noun の略）。ドイツ語は AN 型で、フランス語やラテン語は NA 型です。ちなみに日本語は AN 型です。これはもう、印欧語全体を網にかけてとらえ直すしかなくなります。印欧語全体ではどうなっていたのでしょう。そこがわかれば、名詞だけでなく動詞の問題（連用修飾）の謎解きも一挙に進みます。そして［日／英］逆転の本質が浮き上がります。

Point

# 印欧語に起こった変化

言語という人間の生きるための手段は、人間の口から発せられる音声を実体とする音響上の手段です。人間の声は話すシリから消えてゆきます。つまり流れとしては音声が直線的に前へ向かって進んでゆくことになります。人間の思考は、その前へ向かって進んでゆく一瞬一瞬の音に刺激されて形成されてゆきますが、その音の流れは不可逆的です。なぜなら消えた声に戻ることはできないからです。ですから、人間の思考も流れを帯びた特性をもつことになります。

「話す言葉」はこの流れをまるごと体現しますが、「読む言葉」は言葉から流れを奪います。

人間の言語を分析すると、一つには、主語と述語の関係がありますが、歴史的にさかのぼってみると、人間が主語を意識するようになったのは新しいのです。人類は長い間、主語を意識しない文を話していました。人間の言語でより根源的な側面は、修飾と被修飾の関係です。言葉の要素が［飾る—飾られる］の関係をもつとき、どっちが先に来るかは非常に根源的な意味をはらみます。なぜなら、言葉が直線的に進む以上、先に出る言葉のほうが価値が大きいからです。その先に出てくる言葉が「飾る言葉」なのか、「飾られる言葉」なのかの違いは、個々の言語の特性を支配することになります。比較言語学におけるこのような視点からの研究は、結局、語順の研究ということになります。

英語がふくまれる印欧語の語順が昔から同じなのか、それとも変化してきたのかを知ることは、印欧語の特性の本質をえぐり出します。またそれを日本語の語順と対比することは、英語と日本語の本質を比較することになります。そして、その結果を知って英語に向きあうことは、日本人にとって、英語の価値を理解したうえで、英語をすばやく修得することにつながるでしょう。

人間の言語を［飾る－飾られる］の関係から見る場合、名詞を中心に見る方法と、動詞を中心に見る方法があります。名詞を中心に見る方法を連体修飾と呼び、動詞を中心に見る方法を連用修飾と呼べることはすでに述べました。連体修飾における英語の［飾る―飾られる］の関係に関しても、すでに十分説明しました。英語の名詞に関しては前から飾る方法と、後ろから飾る方法の両方あるのです。単に形容詞１語でも、名詞を後ろから飾っていいのです。

わたしたち日本人は、日々日本語を話していますから、印欧語の特徴に関しては、普通はほとんど知りません。しかしそれは、たとえて言えば、鏡を見たことのない動物によく似ています。しかし日本人が自分の話している日本語を、英語に代表される印欧語に対比してみるなら、自分の話している日本語を鏡に映してみるのと同じ意味をもちます。そして日本人が日本語を再発見し、さらには日本人が自分を発見することにもなるでしょう。この作業をこれから動詞を中心にやってゆきます。

## SOV & SVO

ここから先、この章が終わるまでは、少々厳密な説明が必要になります。その説明のためには比較言語学者・松本克己教授の研究がどうしても必要です。ですから同教授の研究成果を多々引用します。できるだけ読みやすい本を書こうとしてはいるのですが、それでも、本書の根底が最先端の英語研究であることを理解してもらうためには、すぐれた論文の引用はどうしても欠かせなくなります。ここから先の文章が少し専門書っぽくなってゆくのはそういう理由ですので、理解してください。

英語の語順はSVO型、日本語はSOV型です（SはSubject／主語、VはVerb／動詞、OはObject／目的語の略号です）。英語と日本語では、動詞と目的語の位置が逆転します。

英語：I eat an apple. ／ 日本語：私は リンゴを 食べる。
S V O S O V

英語の場合「主語＋動詞＋目的語」の順序ですが、日本語の場合「主語＋目的語＋動詞」の順になっています。間違いなく、動詞と目的語の順序が逆転しています。これは中学１年生でも知っていることです。しかしこの動詞の位置の違いが人類史を変えたことまでは、たぶん、ほとんどの人は気づいていないでしょう。

世界中の言語の語順を調べると語順は六つのパターンに大別されます。SOV、SVO、VSO、VOS、OVS、OSV です。そのうち最も重要なのは、発生率の高い以下の三つです。

① SOV（49.3%） ② SVO（35.0%） ③ VSO（11.2%）(1)

日本語の語順と同じ SOV は世界の中で見るとけっしてマイナーではないことがわかります。次に印欧語の中だけでこの三つのパターンの発生数を比較して見てみます。それが以下です。

① SOV (47言語) ② SVO (46言語) ③ VSO (６言語) (2)

気づくことは、SOV と SVO が拮抗（きっこう）している事実です。印欧語はすべて SVO 型だということはないのです。印欧語の SOV 型言語と SVO 型言語はほぼ同数ですが、その分布をくわしく見てみると、「アジアの印欧語は、すべて SOV 型、それに対してヨーロッパの印欧語は、すべて VO 型（VSO または SVO）である」(3) ということです。アジアの印欧語とはインドやイランの言葉、またヨーロッパの印欧語とは英語やフランス語やスペイン語のことです。ところがヨーロッパの北部や東部のゲルマン語、バルト語、スラブ語では VO

型とOV型の混合型が現れるということも指摘されています[(4)]。これは英語を理解するうえで、あとで重要な指摘になってきます。

「飾る―飾られる」の関係は、以上見てきた連用修飾の関係だけでなく、連体修飾の関係もありました。これはつまり、形容詞（A）と名詞（N）の語順です。これはAN型とNA型に分かれましたよね。AN型とは（A→N）で形容詞が名詞を前から飾る型、NA型とは（N←A）で形容詞が名詞を後ろから飾る型です。印欧語の中には、この連体修飾のパターンにも二つのパターンがあります。松本教授によりますと、AN型は118言語、NA型は54言語だといいます[(5)]。日本語と同じAN型がNA型の約2倍です。ここでも日本語はメジャーグループと同じであることがわかります。

ただ、おもしろいのは次の事実です。松本教授によると、OV型はAN型となり、VO型はNA型になるというのです[(6)]。わかりやすく言えば、OV型は「次期 → 会長」という表現タイプ、VO型はPresident ← Electという表現タイプです。形容詞が名詞の後ろに置かれるタイプは、ラテン語もそうなのですが、そのラテン語の影響を受けたイタリア語、フランス語、スペイン語、ポルトガル語などロマンス諸語と呼ばれる言語に濃厚に表れています。この事実も、最終的な結論に関係してきます。

さて、ここまでが大雑把にSOVとSVOを対比しながら印欧語の特徴をつかむ作業でしたが、普通印欧語という場合には、書かれた言語の歴史は古代ギリシアから始まったと理解されます。大体B.C. 6世紀～B.C. 4世紀頃です。たしかに、この頃に使われていた古典ギリシア語が印欧語の原点になっています。この古典ギリシア語の特徴は正しく理解しておく必要がありますので、きちんと引用します。

「このような冠詞の発達、前置詞用法の確立、格組織の単純化、動詞の中間位置への指向、等々に見られるように、ギリシア語は印欧諸言語の中で最も早い時期にVO統語型の方向へ歩みはじめた言語であり、この点で後の西方群の諸言語に現れた統語構造の変化の前ぶれをなしていると言ってよいであろう。実際にまた、ギリシア語に現れたこの傾向は、ラテン語からロマンス諸語へと受け継がれていった」[7]

引用個所の冒頭部分（下線は筆者）の指摘はすべて屈折語の特徴をなす核心部であり、これらの変化を注視し続けることが、今日の英語の特徴を理解する核心部になってゆきます。そしてそれらがすでに古典ギリシア語に特徴的に表れていたという事実が重要です。印欧祖語への考察を別にすると、わたしたちが普通に印欧語というときには、それはギリシア語から始まったという一般的な認識は間違っていません。しかし、このようなギリシア語が印欧語の一つの原点であることは間違いないのですが、その原点がいきなり原点として結晶したはずもまたないのです。源流があったはずです。

## エーゲ文明とギリシア語

興味深い指摘がありますので、そのまま引用します。

「印欧語に限らず、他の多くの言語に照らしても、語順の変化は、多くの場合、異なった語順の型を持つ他言語との接触によって引き起こされる。古代の伝承によれば、エーゲ海を舞台に先史のギリシアあるいはむしろギリシア語前のギリシアと密接な関係にあったらしいリュキア人の言語とやはりエーゲ海に進出したギリシア語とが、印欧語史上最もはやく、印欧祖語とは違った統語型への推移を示しているのは、けっして偶然とは考えられない」[8]

古代ギリシア人がどこから来たのかという問題は非常に興味深い問題です。これは欧州を研究するさまざまな領域の学者にとっても関心事ですが、一般的には「移動の経路についても、“漠然と”北方（つまりバルカン北部）からという見方と、小アジア（西北部）からとする二つの対立する見解がある」[9]とされます。ギリシア人がギリシアの外、ドナウ川の中流域から陸路をつたいバルカン半島に南下してきたと想定するなら、その起源は B.C.2300年頃までさかのぼるそうです。もう一方の可能性はアナトリアつまりトルコからエーゲ海をへて、ギリシアに入ったとする考え方です。

両方とも空想ではなく、根拠をともなった推測です。エーゲ海にあるクレタ島にはクノッソス宮殿で有名なクレタ文明がかつてあり、そこではミノア文字も発見されていますので、小アジア＝アナトリア仮説も強い説得力をもっています。というのも中期ミノア文明は B.C.2000年とされていますから、間違いなく、古典ギリシア文化が栄えた B.C. 6 世紀前後のギリシアよりはるかに古いのです。エーゲ海に散らばる島々がいわゆるギリシア文明の故郷の一つであることは、間違いないのです。[10]

この推測で注目されるのが、クレタ島で発見された線文字 A という文字がギリシア語ではないという事実と、最初の引用中にあった「リュキア人」の存在と彼らの言葉です。

アナトリアからは文字として確認できる最古の印欧語であるヒッタイト語が発見されています。これは B.C.2000年以降のものですが、当初、このヒッタイト語の仲間と見られていたのが「リュキア人」の話していたリュキア語（Lycia language）です。しかし厳密な分析を進めると、ヒッタイト語とリュキア語は大幅に違ったのです。

ヒッタイト語はアナトリアの中央部を占領した古代帝国の言語で、メソポタミアの影響からも離れた独立したアジア系印欧語文化圏の言語でした。そのヒッタイト語は、明確な SOV 型で、動詞は原則文末、属格は名詞の前に置かれ、付属語が名詞の後ろにくっつくかたちでしたから、日本語とそっくりの語順形態を示していました。しかし日本語と違って格組織が充実していました。

これと好対照をなしたのが同じアナトリアにいたリュキア人が話していたリュキア語です。これは動詞の導入詞の直後に動詞が置かれるかたちの VSO 型で、アナトリアでは唯一の VO 型言語でした。VO 型言語はかならず後ろから飾る後置修飾となりますので、前から飾るヒッタイト語とは正反対の語順パターンを示していました。B.C.2000年期に存在した例外的なアナトリア諸語、それがリュキア語でした。[(11)]

このリュキア語が注目されるのは、リュキア王国のあった場所です。ヒッタイトはアナトリア中央部の陸の帝国でしたが、リュキアはアナトリア西南端にありエーゲ海に接した小国でした。つまり、リュキア人はいつでもエーゲ海に漕ぎ出していける海洋部族で、クレタ島との交流も容易だったということです。ここから想像されるのは、ギリシャ本土の文明に先行する文明がエーゲ海のクレタ島にあって、さらにそのクレタ島に影響を与えた文明がリュキア人の文明で、それがアナトリアの一部にあったということです。

古代ギリシアの世界、つまり古典ギリシア語の世界を理解する背景に厳然とエーゲ文明が存在し、さらにその背後にリュキア王国があり、つまりリュキア人がいて、彼らのリュキア語という言語が古典ギリシア語の文法骨格に影響を与えた可能性は高いのです。そのリュキア語の最大の特徴が VO 型の語順であり、NA 型の後置修飾パターンでした。松本教授は言います。「格組織の強化ではなくて、むしろその衰退へと導く新しい語順（VSO）の型への移行が、リュキア語ではかなりはやい時期に始まっていたと見なさなければならない」[(12)]と。古典ギリシア語で明瞭に浮かび上がった前置詞の使用も、リュキア語の中にすでにあるのです[(13)]。

後々のヨーロッパの印欧語の原点になった古典ギリシア語の背景にエーゲ海という海の世界が広がっていたのを意識しておくことは、今日の英語につながる印欧語の本質を理解するうえで重要な視点となります。これは先々の考察でまたクローズアップされてきます。

# ラテン語とロマンス諸語

ヨーロッパは、ギリシア文明の後は、ローマ帝国の時代になります。言語の側面から言えばラテン語が支配する時代です。そして、やがてローマ帝国が崩壊すると、フランスやスペインやポルトガルが力をもつ時代がやってきますが、これらの地域で成立してくるフランス語やスペイン語やポルトガル語は、俗ラテン語と呼ばれた過渡期をへてロマンス諸語と呼ばれる言語に成長します。

一番注目しなければならないのは、古典ラテン語からこのロマンス諸語への統語形態上のドラスティックな変化です。わかりやすい表を示します。(14)

| | 動詞と目的語 | 形容詞と名詞 |
|---|---|---|
| ヒッタイト語 | OV | AN |
| 古典ギリシャ語 | OV/VO | AN/NA |
| 古典ラテン語 | OV | NA/AN |
| ロマンス諸語 | VO | NA |

この表によりますと、動詞と目的語の語順に関しては OV 型が支配的なのです。しかしこの語順の傾向がロマンス諸語になると逆転し VO 型に変化します。その萌芽は古典ギリシャ語の中にすでにあって、その淵源はさらに古いリュキア語などにあったのかもしれませんが、VO 型がロマンス諸語において明瞭に確立したことには絶対に着目しなければなりません。

そして形容詞と名詞の修飾関係に目を移すと、古代から古典ラテン語まではAN 型主体であったのが、次第に NA 型が出現してきて、古典ギリシャ語や古典ラテン語では揺れていたものが、やはりロマンス諸語の時代に明確に NA 型に変化している事実です。NA 型とは形容詞が名詞を後ろから修飾するパターンです。つまり、ゲルマン語の流れをくむドイツ語や英語を別にすると、ヨーロッパの言語はラテン語期を経て、明確にVO 型& NA 型に変化したのです。

この解釈は勝手な解釈ではなく、比較言語学上の確定した理解です。「特にラテン語の場合、語の配列型はかなり不定である。いわゆる『語順の自由』という現象は、古い時期の印欧諸語には、程度の差はあれ、いずれも共通して見られる」[15]、と解釈されていますし、「ラテン語から近代ロマンス語に至る過程においてであるが、ロマンス語（そしてまた近代ヨーロッパ諸語）を特徴づけるSVO型への変化は、すでに古代末期の俗ラテン語の中にはっきりと看取される」[16]と、理解されています。この連体修飾形態の変化は、英語において先鋭的に受け継がれますから、これも絶対に無視することのできない変化なのです。

古典ギリシャ語や古典ラテン語から、ロマンス諸語への変化において、なぜ［OV型＆AN型 ➡ VO型＆NA型］への変化が起こったのかが最大の謎です。外的要因の探求はしばらくおいておくとして、この変化を起こしうる要因がすでに印欧語内部に具(そな)わっていたと考えるのが、比較言語学者の分析です。その分析は前置詞と定動詞という言葉に向けられます。

まず前置詞に関してですが、これは古典ギリシア語から出てきました。そしてその萌芽は、すでにアナトリアの一隅のリュキア語の中にあったのは確認済みです。一般的に、前置詞は古典ギリシア語からラテン語をへて印欧語で大いに発展したと理解されています。では、この前置詞はそもそもなんなのかというと、もともとは副詞的自立語でした。ということは一種の連用修飾語だったので、動詞の前に置かれるのが普通の定位置でした。しかし名詞に対しても使われることがあって、その場合は位置が確定していなかったのです。その結果、名詞の前に置かれた場合に「前置詞」となり、名詞の後ろに置かれた場合に「後置詞」となったわけです[17]。「ギリシア語やラテン語等は前者の方向を、ヒッタイト語、古代インド語そしてトカラ語は後者の方向をとった。従って、印欧語における格組織の衰退は、正確には、『前置詞』の発達と不可分の関係にあると言うべきである」[18]と、分析されます。

ここをわかりやすくイメージしましょう。格変化の説明は古英語やラテン語の例でもう終わっていますから、思い出してください。サンスクリット語にはラテン語にもなかった具格や処格という格がありました。具格は手段を表す格で、処格は場所を表す格です。はやい話、英語で with a hammer とやれば具格ですが、hammer という名詞の語末にはなんの変化もありません。しかし、はっきりと「金槌で」という手段を表した表現です。これは前置詞 with の働きによるおかげです。また、in Tokyo とやれば処格ですが、Tokyo という名詞の語末にも音の変化は起きません。それでも意味的には「東京で・東京に」という場所の表現であることが示されます。その功績は一切 in という前置詞に帰されます。リュキア語や古典ギリシア語から発生してきた前置詞という言葉の意味は、とてつもなく大きいのです。ラテン語で確認したあの膨大な名詞の格変化を無意味なものにしてしまったわけですから、前置詞の役割は、印欧語の複雑怪奇な暗部に大鉈(おおなた)を振るって切り落としたに等しい大偉業だったわけです。この変化が、ラテン語→俗ラテン語→ロマンス諸語という変化の中で確実に固定化されていったのです。そしてこの変化は、ロマンス諸語の一つであったフランス語をへて、英語へと伝播してゆきました。

うまいことに、ヴァイキングがイングランドに入りこんできたおかげで、古英語の中から名詞語末の格変化がなくなっていましたので、身軽になった英語の名詞が前置詞と結びつくことができました。そのため英語の名詞は機能を復活させるチャンスをつかんだのです。英語は前置詞を自由に使いこなせなければ話せない言語ですが、その特徴が、こういう経緯の中で育っていったことを知っておいてください。OV 型から VO 型への変化は、V つまり動詞の補語になる名詞の格を前置詞が代行してくれるようになったおかげで、VO つまり、動詞が名詞を後ろに従えるというパターンが可能になったわけです。簡単な英語で例を出せば、I went to Tokyo by a bus. の a bus は具格で、/ I stayed in Tokyo. の Tokyo は処格です。

印欧語の中で、OV 型を VO 型に変化させたもう一つ大きな要因は動詞そのものでした。わたしが若い頃にサンスクリット語を学んで一番驚いたことは、「語順の自由」という現実でした。サンスクリット語では動詞も名詞も文中のどこにあってもかまいません。印欧語の英語はSVOという語順固定だという固定観念に縛られていた頭には、それは衝撃でした。ラテン語やギリシア語もそうなのです。それはあとで知ることになりましたが、この現実は、簡単に言えば、「あれっ、日本語とおんなじだ！」という驚きでした。それは名詞が格変化を起こすために、名詞は文中のどこにあっても意味を確定できたからでしたが、すべてはこの驚きから始まったといっても過言ではありません。

ここで述べなければならないのは動詞に関してですが、印欧語では、動詞も文中のどこにあってもかまわないのです。一般的には、時代が古ければ古いほど、動詞は文末に置かれるのが普通でした。しかし時代が現代に近づくにつれて、動詞は文中の中間部に移動してきます。そして最終的には文頭にまで進出してきます。主語のことはしばらく忘れていてほしいのですが、どうして印欧語の動詞は移動の自由をもっていたのでしょう。日本語では動詞は文末から絶対に動かせません。「日本語も語順が自由であると言えよう。ただし、動詞だけは文末の位置を離れることができない。日本語が『厳格な』OV言語であると言われるゆえんはここにある」[19] と、これは断定された認識です。

ここで出てくるキーワードが定動詞という言葉です。簡単な例を出します。英語のbe動詞を使います。I am a boy. / You are a girl. / He is a Japanese. これらの文の動詞、つまり、am、are、isはそれぞれの主語と対応しています。I is a boy. とは言いません。このように主語の人称ときちんと対応した動詞を定動詞と呼びます。これはbe動詞を出した例ですが、すべての動詞に関して、印欧語は動詞と人称がきちんと対応していました。ですから、文の中に主語がなくても動詞だけで、その動作が自分（1人称）の動作なのか、目の前の人物（2人称）の動作なのか、第三者（3人称）の動作なのかがわかったのです。ですから、人称と対応した動詞は文中のどこにあってもいいという根本的な性格を、印欧語は具えていました。それでも、時代が古ければ古いほど、印欧語の動詞は文末が普通でしたが、それは一般論にすぎません。動詞はどこに置かれてもよかったのです。ですから、次第に動詞は文の中間部に出てこようとし、最後には文頭に出てくる傾向を強めたのです。

「定動詞が文末位にかならずしも固定されないという性格は、ヴェーダの散文に限らず、古代インド語よりもっとOV的配列型が安定したヒッタイト語にも共通している。印欧語に見られる“語順の自由”という特性は、要するに『定動詞』が他の名詞的諸形式と同じように、“語としての自立性”を持つという点に基づいている。印欧語が日本語のような『厳格な』OV言語と異なるのもこの点にほかならない」[(20)]

印欧語の動詞は、一語一語の動詞が、人称と、数と、時制の違いを語尾変化で表していましたので、動詞が文中のどこにあっても、その動作が誰の動作で、何人の動作で、時間的にはいつの動作なのかを判別できたのです。だから、ラテン語は読むのが楽だし、サンスクリット語もこの点に関しては同じです。このことを動詞の自立性という言葉で表現できます。語尾変化によってもともと自立性を内包していた印欧語の動詞だったから、動詞は次第に文末から中間位へ動き、さらには文頭へ出てこられたわけです。文頭がなにを意味したのかという問題は、別次元の考察によって解かれます。

「統語型を決定する支配（rection）の枢軸が動詞であるとすれば、それを変化させる根本要因もまた動詞である。……、印欧語においても、その主たる要因は“定動詞”の自立性の確立にあったと思われる。これをもう少し具体的に言えば、“定動詞”が文末に拘束された“終止形”から人称標示によって語の末尾を明示する“人称形”へと変わったことである」[(21)]

松本教授は大きな視野で、印欧語に関するこのような変化をとらえています。彼は、いま引用し続けている「印欧語における統語構造の変遷」という画期的な論文の最後で、次のようにそれを述べています。「ともあれ、定動詞の『自立性』の度合に関して、ユーラシア大陸の諸言語は語族という枠を越えて、東から西へと次第に高まりを見せるひとつの連続的なスケールを形づくっているかのごとくである」[(22)]。

## ゲルマン語と英語

「ゲルマン諸語の中で、SVO 型への変化を最も徹底させた英語の現在見るような語順が確立されたのは、今から500年ほど前にすぎない」[(23)] といいます。

それを証拠づける確たる統計があります[(24)]。今から1000年前の古英語期の末期には、動詞と目的語の語順に関しては、英語は混合型でした。OV 型は52.5％で、VO 型は47.5％でしたから。OV／VO はどちらも半々に使われていたことになります。それが今から500年前には、OV 型は1.9％に激減し、VO 型は98.1％に急上昇します。つまり、主語の存在を別にすれば、動詞は歴然と文頭に出てきたのです。この数字は完全に冒頭の引用を証拠づけています。

またこの現象と並行している連体修飾法の変化も確認できます。紀元900年頃には、所有を表現する場合、「属格－名詞」の語順が52.0％を占めていて、属格を表す of の使用は0.5％しかなかったものが、紀元1300年期には、84.4％跳ね上がっています。つまり、現在の単語を使えば、Maria's book のような言い方が、book of Maria に変化しました。これは前置修飾型のドイツ語表現が滅んで、前置詞を使った後置修飾表現が出現してきたことを表しています。

「諸言語における統語型の性格を判断する最も重要な決め手は、動詞の位置よりもむしろ『前置詞』の用法の有無である。『前置詞』はすでに述べたようにOV 的統語構造にとっては異質のものである。このような特徴が印欧語の一部に現れたということは、印欧語の統語構造に変動が起こったことの何よりも明白な徴候であると言ってよい」[(25)] と解釈されますので、book of Maria のような前置詞表現が英語に定着した変化は、半端ではない意味をもつのです。これは、まさに、英語がドイツ語から離陸したと言える現象でした。

「デンマーク、ノルウェー、スウェーデンの北欧３カ国語は動詞の位置に関してのみS−V−O型、それに対して連体修飾語は属格も形容詞も名詞の前という OV 的配列である。これは統語型としてはきわめて不整合なものである」[26]と評価されており、ゲルマン諸語が後置と前置を両方ふくむ混合型、簡単に言えば、不徹底な揺れの中にあったと言えるのです。この事実に比較すれば、ドイツ語を起源とする英語での前置詞 of を使った後置表現としての属格表現の出現は、重大な変化だったのです。連用修飾のパターンも、連体修飾のパターンも、そろって後置修飾型へ英語がシフトしたことを意味したからです。英語に先鋭的に現れたこの統語論上の変化は、単なる文法上の意味にとどまらず、文明論上のきわめて深甚な意味をはらんでいたと考えられるのです。その考察はもう少し先に保留しておきましょう。

「印欧語には古くは前置詞が存在しなかった」[27]のです。それが、リュキア語で前置詞の萌芽が現れ、古典ギリシア語でくっきりと姿を現し、ラテン語で大いにその機能を発展させ、ロマンス諸語で固定的な用法となって、英語でその用法が最先端化してゆくのです。英語という言語を、単に SVO 型を先鋭化させただけでなく、同時に前置詞の用法を最大限に拡大し、動詞にからむ連用修飾に関しても、名詞にからむ連体修飾に関しても、どちらをも後置修飾という統語原理で文法を完成させてしまった言語として理解する必要があるでしょう。これは英語理解において、絶対に見落としてはならない視点です。

　こういう視点から英語を理解するなら、beautiful → dress という連体修飾における前置修飾法は、ドイツ語の名残を遺した残滓(ざんし)のような表現とも言えるのです。これは話すときの簡便さを支える一定の効果をもっていますので、もちろん極論ですが、英語における前置修飾は「例外」として位置づけたほうが、英語を後置修飾という統一的な統語原理でひとくくりにして理解しやすくしてくれるのです。そうすれば、人間の言語を、前置修飾と後置修飾という２つの原理で対比的に理解しながら、それぞれの原理が人間の思考や行動にどういう変化をもたらすのか、そしてもたらしたのか、という考察に進んでゆけるのです。そこはすでに文明論の領域になりますが、言語が人間の文明の最根底であろうことは疑いようもないことですから、わたしたちはその考察に躊躇する必要はないはずです。英語を理解するときは、英語が人類の最先端を走っている先駆的言語であるという理解を踏まえておく必要があるでしょう。

## 語順固定の英語が生まれた

印欧語の特徴の一つは、語順の自由という点にありました。今日の英語の観念、つまり［SVO］という語順固定の現実から勝手に想像して、印欧語全体が語順固定の言語だと思いこむのは間違いです。古代ギリシア語も、ラテン語も、そしてサンスクリット語も、語順は自由に動かせました。その語順の自由度を支えていた力が名詞の格変化であり、定動詞の語尾活用の完結性でした。それらのために印欧語はさかのぼればさかのぼるほど語順は文中で自由に位置を変えることができました。と同時に印欧語は、名詞の格組織の消失と、定動詞の文頭志向を強めてゆきました。それを支える原理として、名詞の特定を助けるために冠詞が発達し、前置詞が発達してきました。名詞の格変化が失われてゆくと同時に、形容詞も名詞との対応関係を弱めてゆき、英語では形容詞は活用語尾を失っています。

英語が名詞の格を切り捨てた歴史的理由はすでに説明してありますが、その結果起こった深刻な現実を英語がどう克服したかについては、まだふれていません。英語の名詞が語末の格変化を失ったことによって起こった最大の問題は、主格と対格の語形が同じになってしまったことです。つまり、主語の名詞と目的語の名詞を見分ける標識を失ってしまったのです。これを背後から補助的に救うかたちになったのが先ほど述べた定動詞の文頭志向という現実でした。つまり、動詞が文頭近くに進出してきていたので、これが利用されて、動詞の前に置かれた名詞を主語＝主格とし、動詞の直後の名詞を直接目的語＝対格と定めたのです。これが英語の解決法でした。まるでどん底で見つけた天国への道でした。なんの標識がなくても名詞の主格と対格を位置で見分けることが可能になったのです。

目的語には与格（間接目的語／IO）と対格（直接目的語／DO）の区別もあ

りますが、基本的にはS＋V＋IO＋DO、つまりI gave Maria flowers.というふうに、間接目的語を直接目的語に先行させる語順が一般化し、語順固定の巾を広げました。もちろんこれはI gave flowers to Maria.というふうに前置詞の力を利用して直接目的語を先に出す方法も併用されましたから、これもやはり英語の語順固定の巾を強固にした工夫と言えるでしょう。

## 英語の語順原理は２段構え

英語には２段階の語順構造が隠れています。それは、目的語を１語で代表しておくと、

[S＋V＋O] ＋ [~~~]

ということです。先行する［SVO］の部分は語順を動かしようのない部分になりましたが、後続する［~~~］の部分に関しては語順にルールはないのです。使い慣れた言葉を使えば、［~~~］の部分では語順自由の印欧語の特徴がまだ生きていると言えます。そしてそれを可能にしているのが前置詞です。この根本ルールが見えていなければ日本人は即興で英語を話すことはできませんが、日本の英語教育ではこの部分への言及がクローズアップされていません。しかし、ここは本シリーズ３冊目、４冊目の核心的テーマです。英語を自由に話すための実践的スキルとしてくわしく述べます。それよりも、ここでは主語について付言しておくほうが意味があるでしょう。

松本教授の言葉によれば、「インドやギリシア・ローマの文法学の中には、『主語』という概念が全く出てまいりません」、「文法上の主語という概念が現れるのは、調べてみますと、大体中世の13世紀あたり」[28]だそうです。この頃に非常に哲学的な文法理論や議論が生まれてきて、そのような自覚に対応するようにしてロマンス諸語やゲルマン諸語の中に、主語をふくむSVO型の語

順パターンが確立されてきたというのです。ですから、主語というのは人間が自己の意識や思考を客観視し始めたことによって浮かび上がってきた概念のようなのです。平安期などの古い日本語に主語がないことは普通ですが、そのことをネガティブにとらえる必要はないようなのです。

Point

# 後置修飾がつくった人類史

## 語順と生体反応

本書は英語をペラペラ話すための本です。文法を説くための本ではありません。ここまではなんとなく英文法を解説することが目的のような印象を受けたかもしれませんが、それは違います。目的からは一歩もぶれてはいません。「話す」という目的を確実に実現するに欠かせないことだから、述べてきたにすぎません。本書の目的はあくまでも英語を話すことです。

ところで、人類の「言語の起源」は５万年前とされていました。現代のホモ・サピエンスと同じ声帯の構造が出現したのは５万年前とされていたからです。しかし最近、英国ニューカッスル大学の研究グループが、マカクザル・チンパンジー・ヒトの「弓状束」神経経路の画像対比研究の結果を発表しました。それによると人類の言語起源は25万年前までさかのぼるというのです。さらには、米国ベントレー大学のダニエル・L・エヴェレットはもっと違うレベルからの発言を行っていて、人間の言語起源は100万年、190万年前のホモ・エレクトゥス（Homo erectus）にまでさかのぼると主張します。彼は、単語はシンボルであり、シンボルを使いこなす能力はすでに文化であって、言語は人間が営む文化の一部だというのです。（❖注１）

松本教授が引用しているウェイル（Weil, H.）の言葉もありますのでそのまま引用します。「語の順序は、何よりもまず、心の動き、思考の順序を映すものであった。近代において『語順が文法によって決定される』というのは、事柄の順序が逆である。文法が思考に先だって存在するのではなく、思考の順序に則って文法が組織化されたものにほかならない」[29]。当たり前すぎるほど、あたりまえの説明です。この根本的な理解を、今ふと思いついた例を使いながら、再確認してみましょう。

人が山中を歩いていて、「怒っているよ！」という警告を聞いたとき、人はどういう反応を示すでしょう。誰もが、一瞬、身構えるでしょうが、しかし、誰が怒っているかはまだわかりません。では逆に、いきなり「熊が……！」という絶叫を聞いたなら、どうなるでしょう？　山中で「熊」という単語が与えるインパクトと、「怒っている」という単語が与えるインパクトはまるで違うはずです。山中の「熊」は自分の死にすら直結する存在です。つまり、「怒ってるよ → 熊が！」という語順のメッセージと、「熊が → 怒っているよ！」という語順のメッセージは、人に違うイメージやインパクトを喚起させるはずです。この違いこそが、人に言葉の語順を変えさせたはずなのです。語順は、単に語順の問題ではなく、その違いが生存に響いたからこそ変化したはずなのです。わたしたちは日常、ここを忘れがちです。言葉は長い間、書かれた文字や目で読む文章ではなかったのです。少なくとも、江戸時代の農民は字を読めませんでした。西洋とて同じでした。

言葉は順番に生起してゆく不可逆的な音声であり、先に発せられた言葉が次の言葉を限定します。後から出てくる言葉は前の言葉に限定されたり包摂されたりします。これが語順の本質です。先に出る語のほうが、思考への与件となるのです。人間は耳から入る語順に従ってイメージを形成します。「怒っているよ → 熊が」という語順から生まれる生体反応と、「熊が → 怒っているよ」という語順から生まれる生体反応は人に違うイメージを与え、そのイメージの違いが言語に反映されるのです。人間の五感から生まれる生体反応はホメオスタシスを構成しており、それを支える部分は脳幹にあり、そこから生じたイメージつまり生体情報が脳全体に伝達され、最後に言語野で文法的に言語に変換されます。その逆ではありません[(30)]。人間がものを感じとる能力も、反応する能力も、思考する能力も、そして行動する力も、音声としての語順に左右されます。語順の違いが人間の思考と行動にもたらす影響の大きさを、少し深く考えてみたいと思います。（❖注２）

# 前置修飾と後置修飾

前から飾る日本語のような修飾パターンが前置修飾でした。後ろから飾る英語のような修飾パターンが後置修飾でした。まず、簡潔に両者の比較を示しましょう。

| | | 連用修飾／<br>ＶとＯの関係 | 連体修飾／<br>ＡとＮの関係 |
|---|---|---|---|
| 日本語 | 前置修飾 | （われわれは）会長を → 任命する。<br>Ｏ　Ｖ | 次の → 会長<br>Ａ　Ｎ |
| 英語 | 後置修飾 | (We) appoint ← President.<br>Ｖ　Ｏ | President ← Elect<br>Ｎ　Ａ |

上記の違いを、もう少し浮き彫りにしてみましょう。

| | | 連用修飾／ＶとＯの関係 | 連体修飾／ＡとＮの関係 |
|---|---|---|---|
| 日本語 | 前置修飾 | **Ｏ → Ｖ**<br>周囲の状況把握が先行する<br>周辺状況の把握には時間がかかる<br>行動が誘発されず、アクションが保留される | **Ａ → Ｎ**<br>対象の特定は後回しになる<br>認識対象が周辺状況にからめとられる<br>特定すべき対象はどうでもよくなる |
| 英語 | 後置修飾 | **Ｖ ← Ｏ**<br>いきなり行動を強いられ、行動が誘発される<br>周囲の状況把握は後回しになる<br>即決する自己決断力が強化される | **Ｎ ← Ａ**<br>いきなり対象が特定される<br>対象の属性や状況把握は後回しになる<br>優先順位の意識が強化される |

これが日本語と英語の違いであり、前置修飾と後置修飾の違いです。語順の上で、先に出てくる語のほうが優先度が高く、それを話す国民や民族にとって

は重要性が大きく重いのです。あとから出てくる語はしょせん二義的な意味しかもたず、重要度が低くなります。これはそれぞれの言語を話している国民や民族に意識の変化をもたらし、思考傾向や行動に偏差を生み出します。ひいては能力の差を生み出す根源的な力になってゆきます。これは言語の根底をなす厳然たる現実です。

## 修飾の二重構造

この理屈が無視できないものであることを、次の分析が後押ししてくれます。実は、「飾る－飾られる」の関係は、SVO 型でも SOV 型でも、二重構造になっているのです。

| 英語＝後置修飾 | 日本語＝前置修飾 |
| --- | --- |
| Stage 1： V ← O<br>Stage 2： N ← A | Stage 1： O → V<br>Stage 2： A → N |

Stage 1 は連用修飾のレベルです。この中の **O** つまり目的語は名詞や名詞句ですから、その **O** の中に Stage 2 の連体修飾の構造が隠れていることになります。したがって英語では SVO の構造の中に 2 重の後置修飾の構造が組みこまれていることになり、日本語では 2 重の前置修飾の構造が組みこまれていることになります。

これは最も短い SVO ないし SOV の文頭、つまり骨格部分に言及しているにすぎません。実際はこの骨格部分の後ろにも名詞句がたくさん付加されてゆきますから、英文では多数の NA 型の後置修飾語が団子のように加えられてゆきます。日本語の場合なら、**O** の部分をいくらでも長くできますので、AN 型の前置修飾語が **V** の前にいくつも羅列されてゆくことになります。具体的な文で示してみましょう。英文なら次のような構造になります。

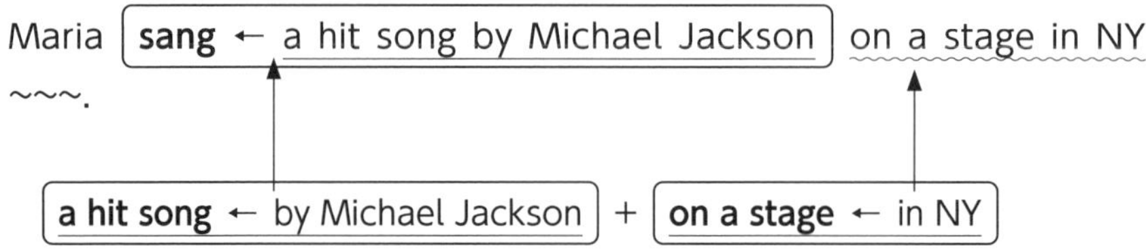


日本語なら次のようになります。

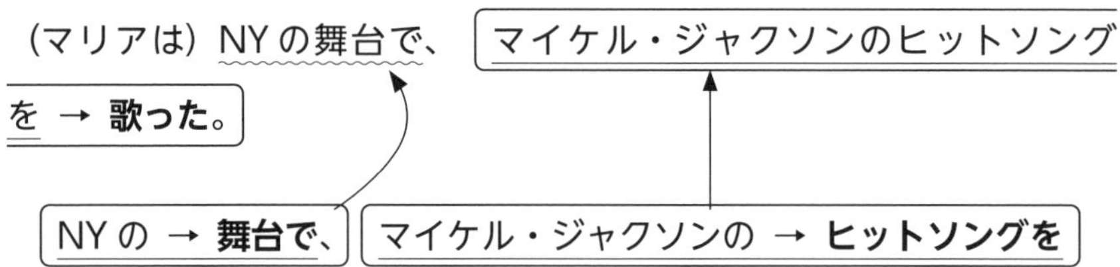


英語を話す場合は、とめどなく後置修飾がくり返されてゆきます。前置修飾型の日本語を母語とする日本人が英語を話す場合は、「飾る－飾られる」の関係において、前置修飾の表現形式から後置修飾の表現形式へ、とめどなく、くり返し、くり返し、逆転思考を強いられることになります。そこに日本人の思考に過重な負荷がかかり、日本人は英語を話すことに耐えられなくなるのです。これは単に文の構造比較だけから言っているのではなく、20年、30年海外で英語を話し続けてきた自分自身の実体験をふくめて言っています。

日本人が日本語を無意識に話している場合には、結論の動詞に到達する前に、目的語にからまっている周辺状況へのさまざまな言及や気配りにエネルギーを奪われ、思考の自由度を失ってゆきます。結局は、行動を保留し、現状維持を最良の逃げ道にしてしまいます。もちろん、周囲との折りあいや和は実現されるのですが、英語と比較した場合のアクションへの鮮烈さが思考から奪われてしまいます。

しかし、英語の場合には、主語と同時にアクションを決断しなければ思考自体が始まりませんから、英語を話すこと自体が人間の行動を誘発します。行動にまつわる周辺状況、つまり目的語に絡まる諸々のことどもは二義的な問題で、どうでもいいことだと割り切ることができるようになります。補足条件や付帯条件は、あとから、思いつくままに付加します。そういう思考になり、そういう話し方が実現することになります。周囲との関係を最優先にする日本語と、そうではない英語とは好対照をなします。この「日／英」の対比には、たぶん多くの人が、「たしかに！」と同意を示してくれそうですが、考えてみれば、もう一歩、突っこんだ結論へも行けそうです。それが以下です。

日本語にとって、あるいは日本語を話す日本人にとって、目的語とそれに付随する諸条件を動詞に先行して口にするということは、日本人にとって、アクションよりも周囲との関係性の構築や周辺環境の認識のほうが重要だということです。日本語のすべてがマイナスだと言っているわけではありませんので誤解しないでください。そうではなく、日本語と英語を語順という側面から比較した場合の違いの意味を分析しているのです。わたしたち日本人が英語に向かうとき、単に「読む英語」と「話す英語」の違いを意識するだけでなく、英語の語順がもたらす日本人の思考と行動への影響に関しても、鋭い意識を向けなければいけないことになるでしょう。それは人類の文明論的な考察をも想起させてくれます。

❖注１：言語が人間の聴覚や発語の能力であることは否定できません。言語の側面が統語体系であると同時に、その体系は音声・音韻の出力・入力自体でもありますから、人間の身体感覚の進化から切り離して言語をとらえることはできないはずです。とするなら、人間の言語の起源は脳と感覚の進化をふくむ長い過程の一部でなければならず、それを100万年、200万年のスパンでとらえるダニエル・L・エヴェレット（『言語の起源』）の考え方は極めて穏当です。彼は、「われわれはシンボルに線形語順を加えることで言語を得た（同書 p325）」といいます。エヴェレットは、語が直線状に並ぶだけですでに文法だとしますが、エヴェレットのこの考えは、連用修飾と連体修飾という二つの「語順」の側面から印欧語や日本語の特性をとらえてきた本書の視点と重なります。耳で聴き、発語する語順が言語の本質だとするのが本書の立場です。

❖注２：言語が大脳皮質のブロッカー野やウェルニッケ野などの個別的な言語野に限定されてあるわけではないことは、南カリフォルニア大学のアントニオ・R・ダマシオによってくわしく解説されています。言語が音声に変換される前には、感情や情動と一体化した生体反応のイメージとして、大脳皮質の言語野に限定されずに、脳幹をふくむ脳全体に広く分布してあることは周知の事実です。くわしくは本シリーズ１作目『英語は肉、日本語は米』に紹介してあるアントニオ・R・ダマシオの諸著作を参照ください。

# Point 人類を先導する英語

このへんで、ここまでずっと述べてきたことを大きく鳥瞰（ちょうかん）する必要が出てきます。そのためのキーワードは、もちろん「逆転」です。

## 移動と定住＆語順の違い

人間の思考と行動に、語順が思った以上に大きな影響を及ぼしていることには同意してもらえたと思います。印欧語の古代においてはOV型が標準型でしたが、西進した印欧語はどんどんVO型に変化し、それが現代英語において最も先鋭的に実現しています。しかし一方、東進した印欧語はOV型で固定化しました。そして連体修飾においては日本語と同じAN型の前置修飾への傾向を強めました。何が原因だったのでしょう。

松本教授は印欧語内部に目を向け、名詞の格組織の消失と前置詞の発達、定動詞の文頭指向と語尾変化の消失をその理由に挙げました。それは十分紹介できたと思いますが、外的要因に関しては、他言語との接触をその理由に挙げています。しかしその具体例としては古典ギリシア語に与えたエーゲ文明や「アフリカ北部からアラビア半島に及ぶ一帯の諸言語がすべてVO型であったこと」[(31)]以外には、言及されていません。証拠に基づきながら論及するのは過酷な作業だとは理解していますが、しかし、そこの考察が空白になっている以上は、自由な考察もまた許されるのではないかと思います。

わたしの推測は、定住と移動の違いが言語におけるOV型とVO型の語順の違いを生んだというものです。とりわけSVO型の言語が古代から現代につながる人類史をつくり出し、その最も先鋭化した変化が印欧語によって生み出されたというものです。この意味で、SVO 型を最も特化させた英語が人類史、とりわけ近代以降の世界史を牽引(けんいん)する力になったと考えます。その牽引力は、それに比肩しうる言語がまだない以上、これから先も当分続くだろうという想像です。変化の激しい今の世界において、動詞優先で思考を進める英語は、間違いなくこれからも人類を先導するでしょう。

人間が陸を移動することは容易です。それゆえに、海は移動を妨げるものという錯覚にとらわれがちです。しかし実は、海こそ、人の頻繁な移動を支えてくれた領域だったのです。ポントス・カスピ海ステップという印欧語の原郷には、黒海という巨大な海がありましたし、ドナウ川という広大な川もそこに流れ注いでいました。ポントスとはその黒海沿岸部です。陸地の民が移動範囲を拡大するときにはかならず川や海を利用します。スカンジナビア半島のヴァイキングがそうでした。スウェーデンのヴァイキングは海だけでなく、川を遡上しながらロシアに侵入し、それを続けながらトルコまで行ってしまいました。川であれ海であれ、水域は人間の移動を支える有効な条件でした。

黒海はボスポラス海峡とダーダネルス海峡を抜けるとエーゲ海につながります。そのエーゲ海は地中海につながり、その地中海はジブラルタル海峡を抜けると大西洋につながります。大西洋は南米大陸の南端マゼラン海峡を抜けても、アフリカ南端を廻っても、太平洋につながります。海は世界を一つにつなげています。

古代ギリシア文明を刺激したのはエーゲ文明でした。刺激されたギリシア文明の人々は北アフリカをふくむ地中海全域の沿岸部に散らばりました。そして文明の中心はギリシアからローマへ移り、東は東ローマ帝国、西は西ローマ帝国として人流を担保しました。その一部はブリテン島にも侵入しました。ローマ帝国はラテン語を完成させてその影響が俗ラテン語の生育を促し、それらがイタリア語、フランス語、スペイン語、ポルトガル語となりました。それらロマンス諸語が SVO 型の連用修飾語順と NA 型の連体修飾パターンを完成させ、その言語を使う人々が自らの移動をどんどん加速し、海から陸へ上がる範囲を広げながら、西へ西へと突進する推力を強めてゆきました。先に動詞を発声し、先に動詞を聴き取る彼らの言語生活は、彼らの前へ前へと進む移動の習性力を強めたのです。話す原理どおりに思考が強化され、その思考のとおりに彼らは行動し、彼らは移動の民の業を荷(にな)っていったのです。

ゲルマン諸語が語順の揺れ、不整合なSOV型とSVO型の混合タイプにとどまっていたのは、ゲルマン人の居住する地域が海洋型印欧語族の司令塔となっていたローマ帝国の影響力から外れた、当時における欧州の辺境にあったためと思われます。その語順変化の遅れたゲルマン語の中の古ドイツ語がブリテン島の英語のルーツとなったために、英語では、連体修飾においてドイツ語流のAN型を残存させ、フランス語流のNA型との混在をゆるす結果になったのでしょう。

ローマから山岳や森が広がるドイツへの進出以上に、地中海沿岸部は移動が容易だったために、その移動という生存形態がSVO型のロマンス諸語の語順を固定し、ポルトガル、スペインはいちはやく大西洋へ乗り出しました。彼らの行動力はアクションを誘発してくれるSVO型言語によって支えられていたのです。だからこそ、いちはやくこの語順形態を獲得したポルトガル、スペインがカリブ海、南米、アフリカ、インド、太平洋に進出し、日本にまでやってきました。

このスペイン、ポルトガルから見てイギリスが世界進出で一歩遅れたのは、イギリスが近代英語、つまりSVO型語順を完成させるのに手間取り、一歩遅れたからです。しかし、完成が一歩遅れたからこそ、英語は現代社会に対応できる諸条件を獲得しました。名詞の格変化を捨てて前置詞表現を増やし、動詞の語尾活用をほとんど捨て、形容詞の語尾も捨てて、文法を簡単にしました。そして、ひたすら、[S→V→O]という語順思考どおりに「動詞＝行動＆移動」の文明形態をつくり出し、スペインとポルトガルの経済破綻のあとを引き受けるかたちで世界の海へ乗り出しました。英語は印欧語の中で最も文法のシンプルな言語です。だからこそ、イギリスは世界制覇をなしとげ「七つの海」

を支配しました。しかもそのイギリスの植民地だった北米が独立して米国となり、米国も同じように英語を駆使して海洋国家に変貌し、キューバ、ハワイ、フィリピン、そして日本を手中に収めました。太平洋全域と大西洋はいま、軍事的・経済的に米国の支配下にあります。

政治や経済や、地政学的な分析は多々あると思います。しかし、それを印欧語のSVO型語順の推力のせいにして解釈する文明西進の理解はないのではないかと想像します。これは大胆な仮説ですが、しかし仮説と断ればなんでも言えるはずです。

どうして東へ向かった印欧語が「逆にOV的性格が強化されるという傾向」を強め、「現代アーリア諸語は古代インド語よりもはるかに徹底したOV言語である」(32) ということになったのでしょう。その理由を考えると、アーリア人がインド大陸に入って移動先を失ったからだと思われます。本来は移動民族であったはずのアーリア人は、インド大陸に入ったあとは先へ進めなくなり、定住型の民族に変わったのです。そのために、VO型の言語を獲得する根底を失い、定住型の民族になったのです。定住型の民族にとって、動詞を文頭にもってくる言語は生存の現実に矛盾します。性急にアクションを決断し、行動を起こす必要がないのです。そういうOV型印欧語に、ヒンズー語やベンガル語をはじめとする現代アーリア諸語は変化したのです。異質の言語との接触という以上に、「移動」か「定住」か、という現実そのものが、言葉の語順に変化をもたらしたと考えるほうが、はるかに理に適(かな)っています。

移動民族は、言葉の語順をVO型言語にすることによって、より一層、その移動の度合いを強め、居住範囲を広めたのです。それに比し、定住民族は性急な動詞の決断を要しなかったので、動詞は文末に移動し、OV型の言語をもつようになった。吹き抜ける嵐のような西洋の歴史を概観するとき、印欧語が次第にOV型語順からVO型語順に変貌していった流れに沿って、世界史は衝突と統合の歴史を色濃くしていったように思えてなりません。歴史細部の哀歓や悲喜こもごもの人間劇には本書は言及できませんが、その哀歓や悲喜こもごもの無数のドラマが、[OV → VO] という語順変化によって主要に演出されてきたとするならば、それはそれで、注目しないではいられません。なぜなら、それは言葉の側面、とりわけその言葉を話していた当人たちすら意識していなかった語順の力によって、人類の運命、国家の興亡までが知らないところでもてあそばれてきたことになるからです。それはすでに、気づいた以上、無視していい問題ではなくなりました。日本人、日本民族のこの先の存亡は、この視点への覚醒にかかっています。

## 逆転思考で話す力

日本語は「語順が自由であると言えよう。ただし、動詞だけは文末の位置を離れることができない。日本語が『厳格な』OV 言語であると言われるゆえんはここにある」[(33)]。だからこそ、日本人は英語を話すことが苦手なのであり、苦痛なのです。

日本人が英語を話すときには、思考の流れそのものを、[OV 型＆ AN 型 ➡ VO 型＆ NA 型] に「**逆転**」しなければなりません。自分の思考を頭から取り出して、机の上に置いて眺めることはできません。音声刺激だけで思考を「**逆転**」させる訓練をしなければ、英語は口から出てくるようになりません。目でいくら英文を読んでいても無駄な努力です。ここへの気づきがまず、第一歩。次は、視覚を遮断して聴覚刺激だけで思考を自由に組み立てられるようにする訓練が必要です。これが第二歩。そして第三歩目は、それを可能にする理論をその前に構築し、その理論上の効果を実際に発現できる実践的訓練法を手に入れることです。あとは、各自がそれを実修することしかありません。

IA 英語メソッドは、このすべてを海外で完成させてしまいました。そしてその検証も、海外ですでに終わっています。残っているのは、日本国内でこの方法に広がってもらうだけです。

日本人は今こそ、「話す英語」を獲得する必要があります。世界はすでにさまざまな淘汰に直面しています。21世紀になっても、ユーラシア大陸および欧州にかつてあった弱肉強食の様は何も変わっていません。国や民族が黙って外敵に侵略され滅ぼされていいという論はありえません。日本にはそこを錯覚した人々が一部にいて、国論は混迷を深めていますが、それを許す現実は、大局を観る眼の暗さから来ています。現実に存在する母国をもたない個は世界では生きてゆけません。世界はそれほど甘くはありません。母国を守ることは自己の生命を守ることと同じです。それを実現する秘策が、思考の語順「逆転」にあるとしたら、どうでしょう？　日本人が［OV型＆AN型］の日本語だけでなく、［VO型＆NA型］の英語をも、しかもそれを「話す言葉」として獲得するなら、日本民族は間違いなく世界で最も強い民族になるでしょう。英語は今日まで、そしてこれからも人類を先導する言語である地位を他の言語に譲ることはないでしょう。それほど英語は機能的で、論理的で、簡便です。世界中の非英語国民がやすやすと英語を話している現実を目の当たりにするとき、今日の、いえ明治以来150年の日本の英語教育は、完全に的を外しています。英語は読めるだけじゃダメなのです。英語は、話せなきゃダメです。もうこの現実に気づいてほしいのです。これは個と国家、両方の存亡に直結しています。

印欧語、とりわけ［SVO型＆NA型］に先鋭的に特化した英語を、しかもそれを「話す英語」として日本人が獲得することは、日本人が西洋人の果敢な行動力を獲得することであり、周囲に責任を転嫁せず、拡散せず、自己責任で物事を瞬時に判断し行動できる民族に変わるためのおそらく唯一究極の方法だと思います。しかも、話す英語として［SVO型＆NA型］の言語を日本人が獲得したら、西洋人にはない文末に動詞を置くメンタルをもつ日本人が、世界と人類の和を先導するイニシアティブを握るだろうことは間違いないのです。しかし、しかしです……、英語を話せない日本人にはそのミッションは託されません。断言します。ほんの一部の役人だけに「話す英語」を託すのは、もうやめましょう。それは錯誤であり、愚行であり、自己放棄です。

時代も、世界も、すでに、個の淘汰のレベルに突入しています。

## PPAPの謎が解けた！

語順「逆転」の考察の最後として、もう一度「まえがき」で約束したPPAPの謎解きに着手します。私には、一番最後のフレーズ、**Pen-Pineapple-Apple-Pen!**　が、単語の羅列の楽しさとして聞こえていたのではなく、きちんとした意味あるフレーズとして聞こえていました。だからこだわりが消えなかったのです。

PPAPの圧巻は、この最後のフレーズにあります。ここがおもしろかったから、世界中の英語を話す人々は歓喜しました。彼らには、これは、ペンと、パイナップルと、アップルと、ペンの単なる羅列ではなかったのです。英語がはらむVO型後置修飾原理に、NA型の修飾構造が組みこまれていたために、彼らの言語感性にぴたりと合ったのです。だから彼らは、このフレーズを、名詞が連なっただけのフレーズではなく、きちんとした意味あるフレーズとして理解していたのです。それをピコ太郎さんが意識してこのフレーズをつくったかどうかはわかりません。きちんと、流れの中で理解し直しましょう。歌詞はこう流れていました。

I have a pen. I have an apple. ➡ Ah---! ➡ Apple-pen!
I have a pen. I have a pineapple. ➡ Ah---! ➡ Pineapple-pen!
　　Jyaga、Jyaga、Jyaga~~~（間奏）
Apple-pen--- ⤴, pineapple-pen---- ⤴,（緊張がマックスになる）
　　そして、その緊張が一気に落ちるかのごとく
**Pen-Pineapple-Apple-Pen!** ⤵
　　Jyaga、Jyaga、Jyaga~~~（間奏 again）
**Pen-Pineapple-apple-Pen!** ⤵（リフレインのように―）

くり返される最後のフレーズの隠れた構文は以下のとおりです。

**Pen ←** (that is) **Pineapple-Apple-Pen!**

ここには後置修飾節をみちびく関係代名詞が隠れています。

あえて日本語に訳すと、

「**Pineapple-Apple-Pen** という **Pen** だよ～！」です。

最初の Pen は被修飾語の先行詞。そのあとの that is は英語圏の人々には、言わなくてもそう聞こえます。実際、わたしにもそう聞こえたのです。だからこそ、この罠にはまってしまいました。

これは英語の、つまり印欧語の NA 型の後置修飾のもじりでした。英語圏の人々の間でヒットしないわけがなかったのです！　これで、最初に約束したことの義務を果たせました。

あぁ～ァ！

それにしても、ピコ太郎さん、天才です。

第3章
INDIVIDUAL
ASCENDING
METHOD
英語を貫く
逆転の現実

# Point 短いフレーズの逆転

英語をアウトプットするときはいつも、日本語から見た「逆転」を意識しなければ、「話す」ことも「書く」こともできません。しかし「逆転」のルールさえわかれば、英語を「書く」ことすら簡単な作業になります。なぜなら、「話すように、書けばいい」からです。つまり、「英語を話すこと」は「英語を書くこと」でもあり、その本質は「逆転」なのです。日本人から見て、「逆転」こそ英語の本質です。

これから、英語の諸相を「逆転」の視点から、簡潔に断定づけてゆきます。「英語は逆転だ、逆転だ！」と叫んでいても、文のレベルで確認しなければ説明が完結しないからです。「逆転モード」は IA メソッドの基本フォーマットです。このフォーマットの上に「拡大モード」と「叙述モード」が乗るのですが、この三つのモードチェンジで英語はペラペラしゃべれるようになり、サラサラ書けるようになります。この第３章の目的は、本書に続く３冊目、４冊目、５冊目の内容をザッと見渡してもらうことです。

## 最短の名詞句での逆転

英語を話す場合でも、書く場合でもそうですが、This is a book. で完結するような会話はほとんどありません。そんなこと、言葉にしなくても、本を見ればわかります。補語の a book がどういう本かを、もう少しくわしく説明する必要があるのです。つまり a book がなんらかの言葉で修飾されているのが普通です。その修飾された a book の表現を即座につくれないから、日本人は英語が話せなくなるのです。つまり、日本人は、最小の連体修飾をつくる段階でいきなり逆転に遭遇します。

日本語：古英語の → 本
英語：　a book ← of Old English

波線部が修飾語になりますが、こんな簡単な表現ですら、日本語と英語では修飾語の位置が逆転します。波線部の英語を a book の前に置けますか？ An Old English → bookですって？　勘弁してください。そんなダサイ英語、ネイティブは誰もつくりません。

ねッ？　いきなり逆転でしょう？　語順逆転をふくんだ a book ← of Old English が主語になったり、補語になったり、目的語になったりして一つの文ができるのですから、逆転なくして英語はありません。短いフレーズのつくり方にはもう一つあります。

日本語：古英語を → 読むこと
英語：　to read ← Old English

これは to 不定詞を使った短い名詞句のつくり方です。この場合だって、修飾と被修飾の関係は、「日／英」間で逆転しています。to 不定詞は名詞ですから、このまま主語にも、補語にも、目的語にもなりますが、その中にもやはり語順の逆転がふくまれています。「やっぱり逆転かァ～！」と思ってください。この認識が第一歩になります。

まず、「前置詞句」を名詞の後ろに置く表現法をマスターするだけで、英語が自分の気持ちを自在に表現できる手段になります。つまり最小単位の表現を、前置詞を使って生み出す方法をマスターするのが本シリーズ３冊目の目的になります。ただし、前置詞を独自の文法用語で説明するのが３冊目のメインテーマです。「独自の文法？」、誰もがそう思うはずです。「オマエ、正気？　なに考えてんの？」と思うはずです。それでけっこうです。日本人はその程度だから、英語が話せないのです。「英語を話す人になる！」シリーズは、アメリカ人やイギリス人が英語を話すためのシリーズではありません。日本人が、異質な言語、真逆な言葉を話すための新企画です。150年間、屈辱を強いられてきた現実をひっくり返すための企画なのです。英文法の用語や視点くらい、日本人の頭から見たものに変えてしまって当然です。３冊目はそういう目的で前置詞を論じます。

この独自解釈の前置詞句を、実は、「前置詞ユニット」と名づけたのですが、この概念を意識化すればネイティブ英語が話せるようになります。アメリカ人やイギリス人が無意識に話している英語の発想と同じ発想で英語を話す技術を紹介します。英語を話す行為からストレスやプレッシャーが嘘のように消えます。実は、非英語圏で英語をペラペラ話している外国人はみなこのスキルを使って英語を話しているのですが、これを知らないのは、世界中で日本人だけのようです。ですから、このスキルは絶対に日本に紹介されなければいけないものです。それは本シリーズ4冊目でやります。「拡大モード（Expansion Mode）」と名づけたモードチェンジです。この方法を使うなと言われたら、英語はしゃべれなくなります。それほどのものです。

次に、to不定詞を自在に使う方法は、IAメソッドでは「叙述モード（Description Mode）」と名づけました。to不定詞の使い方をマスターすると、厳密な英語、時事英語レベルの上級会話がなんの苦もなくできるようになります。科学でも、技術でも、政治経済でも、思想でも、地理でも歴史でも、文学や芸術でも、なんでもOKです。どんな高度なことでも、即興で英語が話せるようになります。知識人はこの技術を自分のものにしなければ世界へなど羽ばたけません。How are you?　レベルの英語は、いまや日本中の小学生でも知っています。日常会話の概念自体をもう変えましょう。ですから、シリーズ５冊目はto不定詞を縦横無尽に使って、難しい英語をガンガン即興で話すためのスキルを紹介するのがテーマです。

# Point 長いフレーズの逆転

普通の日本人は、このスキルを英語の会話の中で使えません。日本ではこの領域はまだ紹介されていないからでしょう。実は、それは「ありえない」ハナシなのです。

ボクは、あまり人の書いた英語本を読みません。本屋さんへ行っても手が伸びません。しかし、それでも、気づいている範囲では、これを体系的に話すスキルとして紹介している書物はないのではないかと想像しています。学術書や研究書は別にして、英会話を勧める他人が書いたものを読むと他者の発想に影響され、自分のメソッドのオリジナリティーが薄れてしまうのではないかという気がして嫌なのです。ですから、意識的に他の人が書いた英語の啓蒙本は読まないことにしています。この方針はたぶん、これからも変わらないと思います。ですから、もし同じことを述べている本があったなら、それは偶然の一致です。ぜひこの点は誤解しないでください。

というわけで、ここで紹介されるスキルは、日本では紹介されていない会話スキルだと思います。

ところがこのスキルは、海外へ出た途端に、オーラルコミュニケーションにおいては欠かせないスキルになります。日本人の、日本語による、実際の会話というのは、さまざまな内容を拾い集めた長々とした連体修飾語が、一つの名詞にかかってゆくような話し方になります。たとえば、「原材料の高騰や、電気代や、ガス代や、それに物流費の上昇などを理由にした → 値上げ」のような日本語です。つまり、AN 型の連体修飾表現において、A が長～い形容詞句として名詞に先行するのです。英語では、形容詞を名詞に先行させるのはドイツ語流の beautiful → dress というごく限られた表現だけです。それ以上の長さになる場合には、すべての形容詞句は名詞の後ろに回ります。関係代名詞を使わないで名詞を後ろから修飾する表現法がこれにあたります。これは、実際の英会話では頻繁に現れます。ネイティブもガンガン使います。これこそが「話す英語」の天王山、核心中の核心、逆転話法の本質部分になります。

日本人が学んでいる英語は「読む英語」ですから、つまりは「書かれた英語」になりますので、そこ、つまり書かれた英語では関係代名詞が頻出します。そのため、関係代名詞を使った文に慣れている日本人は、それに等しい内容を話せと言われたら、いきなり「ドーバー海峡を泳いで渡れ」と言われたような気持ちになり、呆然とします。普通は、ドーバー海峡を泳いで渡る前に、隅田川や荒川程度の川幅を泳げるようになっていることが求められるのですが、頭でっかちになっている日本人には、そこが見えません。「長い文はみんな関係代名詞でつくるんだ～！」と思いこんでいますので、対応しようがなくなります。

実は、実際の会話では、関係代名詞を使って話すケースは非常に少ないのです。関係代名詞を使って英語を話すと、聞いているほうも「何かっこつけてるの？」「難しい言い方しなくても、別に、いいじゃん！」という印象になります。ですから、ネイティブは関係代名詞を使わずに話します。

ところが、そのレベルの会話に到達していない日本人には、このスキルが要求されている表現上の必要性がわかりません。また、それを自分の耳で聴いたこともないので、話すスキルとしては、そのような話し方が日本人には未知の領域になっているのです。だから紹介されていないのだと思います。「話す」ことを無視して英語を学んできた日本人の、まさに、ここが死角であり盲点です。

しかしこれは、会話では常識的なスキルです。この表現法を使えなければ外国人との実務的な会話や、厳密な話し合いはできません。自分を小学生にしていいのでしょうか。頭の中はいくら大人でも、話す能力が小学生レベルなら、その人は小学生として遇されます。これほどの屈辱はないのです。一部の日本人を除いて、日本人はほとんどそのレベルの人間としてくくられています。

ここをしっかり客観視した「話すスキル」を身につけなければ、英会話を学ぶ意味などありません。何度でも言いますが、ここは日本人の盲点であり、死角です。これは英語を後置修飾言語として理解していないと客観視できないスキルです。これは、書く英語のスキルではなく、「話す英語」のスキルです。しかしこのスキルで話せるようになると、ネイティブと同じ感覚で口語的な英文も書けるようになります。つまり、英語のよくわかった日本人に変貌するのです。

まあ、簡単に言って、かっこいい英語を話せて書ける日本人に変わります。

後置修飾という言葉を使うと、文法的な響きが強すぎて誰もが引くでしょう。ですから、もっとなじみやすい魅力的な名前をつけました。それは「お洒落な逆転修飾」というネーミングです。お洒落なものがきらいな人はいないはずです。服装でも、持ち物でも、独自のセンスにこだわる人は好感がもてます。日本人の美意識は世界一級です。ですから、英語の話し方にも、センスをもつようにしましょう。それが以下の方法です。

## お洒落な逆転修飾

この方法については、くわしくは第４巻で解説しますので、ここでは概要だけお伝えしておきましょう。

たとえば、次のような対比を見てどう思いますか？

日本語：卒業式に色とりどりの振袖姿で参列している → 女子学生たち
英語：　female students ← **attending** their graduation ceremony in colorful Furisode-Style Kimonos

この程度の連体修飾句（波線部）を使わずに日本語の会話ができますか？そして、この程度の日本語を即興で英訳できずに英語が話せると思いますか？この程度の長さを、即興の英語でつくれないで、それで英語を話すなんてことはありえないのです。一番のポイントは、長い修飾語の位置が「日／英」間で逆転していますから、逆転モードが意識化されていなければ、この英語表現は絶対に口から出てきません。これは口語的な後置修飾パターン、いえ、「お洒落な逆転修飾」パターンの一例です。次は、どうでしょう。

日本語：ほしい物をなんでも注文できる → アマゾン・アカウント
英語：　Amazon account ← **available** to order anything we want

この波線部も日本語としては、普通に口から出てゆく長さです。内容だって、別に難しいことを言っているわけではありません。この程度の表現を関係代名詞を使って「ほしいものがなんでも注文できるところのアマゾン・アカウント」なんて表現したら逆に不自然です。英語ネイティブは絶対にこうは言いません。「ほしいものが、なんでも手に入る、アマゾンだよ！」って言いたいだけなんです。そして、この日本語の感じを英語で出せなきゃいけないのです。関係代名詞を使ったらその意図は丸つぶれになります。言葉は、TPO に合わせて使えなければいけません。

数千年来、長い修飾句を「学生」の前に先行させて話すことしかしてこなかった日本人が、これを後置で、しかも関係代名詞を使わずに表現するなんて、意識化された知識がなければ絶対にできないのです。しかも、それを即興でできなければ話す英語になりません。次へいきましょう。

日本語：弁論大会のためにわが校から代表として選ばれた → 学生
英語： a student ← **chosen** as a representative from our school for the speech contest

ここでは、波線部をわざと長くしましたが、しかしその内容たるや、とるに足らない内容です。中学生の会話でも話される内容です。でもこれを即興で、英語で話すことを想像してください。なんの知識もなしにこの逆転修飾をこなせる人はいないはずです。修飾語が、長さ自体によって手に負えないレベルに達しているからです。でもIAメソッドのスキルを自覚していれば、この程度の内容は頭の中の翻訳なしで、眠っていても口から出てゆくようになります。でも、ホントに眠ってはいけません。責任はもてません。英語自体は、簡潔な英語にしてあります。英語なんてこの程度です。もう一ついきましょう。

日本語：人間関係を深めてくれる → 親睦会
英語： Fellowship ← **to improve** our human relations

これも、特別変わった点はありません。パターンはこれまで出してきた例とまったく同じです。しかし、修飾句がちょっと変わっていますよね。意識化された処理能力が要求されていることは言うまでもありません。しかし、その意識化された知識があれば、これもまた準備なしで、即興で英語にできます。そもそも英語は即興で話せなければダメです。頭の中の日本語を翻訳しているようではダメなんです。最初はかならず逆転翻訳が要求されます。その段階をへずに先へ進むことは絶対にできません。これは日本人の宿命ですからどうにもなりません。しかし、いつまでもそのレベルにとどまっていてもいけないのです。このレベルまできたら、頭の中で翻訳してはいけません。これはもう翻訳して話すレベルを超えています。「じゃあ、どうやって話すんだ？」ということになりますが、それを説明するのが本シリーズ４冊目の「拡大モード」の中で説明する予定の「お洒落な逆転修飾」のスキルです。紙幅の都合上、ここではこれ以上くわしくふれられませんが、ぜひ４冊目をご覧いただければと思います。

すでに述べたことですが、これらの例文はみな修飾の流れの逆転をふくんでいます。日本語は前置修飾ですが、英語は後置修飾で表現されています。日本語を英語にするには、前置修飾を後置修飾にしなければなりません。つまり、修飾語と被修飾語の流れを「逆転」させなければ英語になりません。上記すべての例文の波線部分、つまり修飾句の表現は、会話としては当たり前の長さですが、この長さの英語を名詞の後ろにくっつけて即興で話せる日本人は非常に限られています。たぶん、それができる日本人は、意識的にその訓練した人だけだろうと思われます。

つまり、このレベルで、日本人はもう自己の思考を英語で表現できないことになります。これはとてもくやしいことですし、自分の仕事やミッションを外国人とのコミュニケーションを通して実現できないことを意味します。何度も言っていますが、日本人は150年間英語を学び続けてきたのに、いったい、何を学んできたのでしょう。誰が、どこで、このための現実的なスキルを日本人に教えているでしょう？　ここが「話す英語」の核心部分だというのに。

日本の英語教育では、統語論の視点から見たここの部分の自覚が完全に抜け落ちています。関係代名詞を使って英語を話すことは、実際の会話ではまれなのです。たまに意識的に使う程度です。関係代名詞を使える表現でも、使わないで話すのが普通です。そのレベルでであうのがこういう表現群です。例文で示したような文を即興でバンバン話すことが当たり前の表現力になります。会話が知的になればなるほど、連体修飾は複雑化してゆきますが、そこをどうやって即興で、口頭で、つくってゆくか、そういう知識伝授の場は日本にはまだないと想像します。つまり、ここが、「逆転」という視点から見た日本人の「話す英語」の死角です。

この「お洒落な逆転修飾」を攻略する方法は、例文中の太字にした単語にヒントがあります。４冊目では網羅的に、微に入り細をうがち、かつザックリと説明します。

# Point 一文の中での逆転

日本人が英語ぎらいになる最大の原因は、受験英語の中に出てくる関係代名詞ではないでしょうか？「ひっくり返るんだろう？」ということはわかっていても、細則がゴチャゴチャあって、おまけにthatだwhichだwhoだといろいろあるし、それにその関係代名詞がwho, whose, whomなどと変化して、関係代名詞の「格」なんて言葉まで出してきて、その「格」の意味すらわかっていないのに、語形変化しないthatにも「格」があるなんて言って、「ふざけんな！」って、気持ちになりませんでしたか？

ボクはなりました。ボクは英語は好きだったけど、「頭に来た」学生の一人でした。「クソッ！」と、何度も思いました。でも、関係代名詞って、President ← Electの原理と何も違わないのです。Popeye ← the Sailormanだって同じでしたよね。ということを高校時代に教わっていたらなあと悔やまれます。関係代名詞といったって、後置修飾の一番長いパターンというだけのことで、それ以上でもそれ以下でもないのです。しかも、話す英語での関係代名詞は頻度が非常に低い。書く英語ではバンバン出てきますが、しゃべる英語ではめったに使いません。大した問題じゃないのです。もちろん関係代名詞の使い方も説明はします。それはシリーズ5冊目でやります。ただ、大学受験英語で習った関係代名詞の知識の80%は無意味になります。だって、使わないから。勉強しただけバカみたい。そんな話です。

## 関係副詞も後置修飾さ

関係代名詞と似通った言葉に関係副詞って言葉があったはずです。これ、言葉の意味がピーンとこなくて、けっこうイライラしたと思いますけど、まず、こいつを先に片付けてしまいましょう。日本語では、「いつ、どこで、どうやって、なぜ」なんて内容は、かならず、「いつ〜する」「どこで〜する」「どうやって〜する」「なぜ〜する」というふうに動詞に関係してゆきます。動詞を飾る言葉は副詞ですから、これらの言葉をまとめて「副詞」という概念でくくったのです。そして「いつ〜する＋名詞」「どこで〜する＋名詞」というふうに、動詞をふくむ表現全体が名詞にかぶさります。その名詞が先行詞ですが、その先行詞のすぐあとに「誰が〜、いつ・どこで・どうやって・なぜ」などという表現が続くわけです。具体的には、when、where、how、why がその先行詞と修飾節をつなぐ言葉になります。これらは語形変化しません。だから関係代名詞よりずっと簡単です。例を出します。

日本語：ボクが生まれた → 街
英語：　the town ← **where** I was born
Nobody knows the town ← **where** I was born.
（文として）

このwhere のような使い方が関係副詞。「あれッ？　関係代名詞とおんなじ！」って、気がしたでしょう？　そうです、同じなのです。「街」がどんな「街」かを、where を間に挟んで後ろから説明してるだけのことですから。例文は意図的に簡潔にしてありますが、長くしても同じことです。はっきりいって、人間が何かを話すとき、「いつ」「どこで」は非常に大切な情報項目です。ですから、この when、where は会話の中で頻繁に使います。関係代名詞よりずっと重要です。しかし、いきなり関係副詞を使う文なんか意識すべきではありません。きちんと順番をへて、話し方のレベルを上げてから意識することが大切です。リアリティーの感じられないことを学んでもすぐに忘れます。

## 関係代名詞、最後のターゲット

もう関係代名詞を怖れる必要などどこにもありません。関係代名詞に関する受験英語での嫌な記憶はすべて忘れてください。「しゃべる範囲で使う関係代名詞」だけ自分のものにすればいいのですから。それは大学受験で学んだ関係代名詞の20%程度でしかないと言いましたよね！　だから、簡単なのです。もちろん、この説明は５冊目でやります。ここは、一切ゴチャゴチャ言わずに、単に、関係代名詞っていうのは先頭の機関車と長い客車の列をつなぐ連結器みたいなものだとだけおぼえておけばいいでしょう。それ以上の説明はここではしません。一番簡単な例文だけ出します。

日本語：僕たちの計画をぶちこわしてしまう → 意見
英語：　the opinions ← **that** ruin our plan
　　　　We reject opinions ← **that** ruin our plan. (文として)

ruinって動詞は「台なしにする、ダメにする、破壊する」という意味で、break「こわす」と同じ意味です。ちょっとかっこつけただけです。それだけのこと。関係副詞とどこが違うか？「いや、ちょっと、気づいたんだけど……」と言いたくなる人がいるのは、わかっています。でもそこにふれるのはこの場の目的じゃない。今は、忘れてください。今は、ただ単に、関係代名詞も後置修飾を演出する役者の一人だってことだけわかればいいのです。そうすれば、ここまで述べてきたことのすべて、つまり英語のすべてが「逆転」なしには話すことも、書くこともできないことに同意してもらえるはずだからです。それがここ、第３章の目的です。

この大きなくくり方を意識しなければ、即興で、思いついた瞬間にペラペラ英語をしゃべり続けることなど絶対にできません。日本語から見て、英語を貫いている原理が「逆転」なんですから、「逆転」を意識しないで英語を話そうなんて無理なハナシなのです。これで一応、英語の全体像を「逆転」の視点で貫けました。以上がIAメソッド最大のユニークな視点です。

前作の『英語は肉、日本語は米』と、本書『ひっくり返せば、英語は話せる』、この２冊がIAメソッドの理論編です。その理論編の説明はこれで尽きました。これで終わりです。

# 話す英語は、アメリカ人から学べない

当然の帰結なのです。日本語と英語がこれほど違う以上、そして、その違いにアメリカ人が気づいていない以上、アメリカ人が日本人に英語の話し方を教えられるはずなどないのです。

日本へ来ているアメリカ人、イギリス人、オーストラリア人等、英語を教える外国人は多数います。そして、教師としての水準や教養に関しても、条件を満たしている者が過半でしょう。しかし、彼らが話す日本語は、まさに日常会話に毛の生えた程度の日本語のはず。その程度の日本語話者が、日本語と英語の真逆の関係に気づいている可能性などありません。日本語の文法知識に関してもほとんどが初歩のはず。日本人の前置修飾型の思考特性にどう向きあえばいいのかの意識など、ゼロに近いはずです。だからいわゆる「英語ネイティブ」の先生たちは、ただ自分の母語を話しているだけの人にすぎません。「逆転」の必要性など思ったことすらないはずですし、そのためのスキルを持ちあわせている者など皆無でしょう。

しかし、その裏側もお粗末です。日本人はみな、いきなりアメリカ人やイギリス人に英語を習うのが最上の方法だと思いこんでいます。アメリカ人から英語を学ぶ以上の贅沢などないと、ほかの一切の選択肢は最初から放棄しています。しかし、考えてみてください。学ぼうとしているほうは英語が話せない。教えようとしているほうも日本語が話せない。

それでどうやって、教室で［日⇄英］間の文法知識の伝達が可能になるのでしょう。高校時代の英文法の授業を思い出してみてください。あのレベルの英語の文法を、日本語で説明できる外国人英語教師はいったい、日本に何人いるでしょうか。日本人は言語の修得をなめていないでしょうか？　そうでなければ、どうして「英会話」に向かうとき、幼児的な錯誤に陥るのでしょう。どうして人間の思考を支える言語の修得をたわむれで済まそうとするのでしょう。思考のどこかに致命的な陥穽(かんせい)があるはずです。

「うちの先生は、みんなネイティブです」が売り物の学校は、その宣伝文句自体が教育メソッドの欠落を証しています。しかし、そこにも気づけない。日本人がアメリカ人から英会話を学ぶのは、ある程度話せるようになってからにすべきなのです。会話の最初は、日本人が、日本人を、日本語と英語の両方で助けるしかないのです。

黄金のコラム｜英語と哲学のニューウェーブ 2

## 冠詞を気にしちゃ、ダメ！

冠詞は英語のロジックを支える枢要な条件です。英語で契約書をつくるとき、あるいは英語で書かれた契約書を読むとき、注意力の相当部分を冠詞に注ぐ必要があります。その読み違いや読み落としは往々にして致命傷になり、莫大な損失につながることがあります。英語のよくできる人はみな冠詞の怖さを知っています。

日本語には冠詞がないので、普通の日本人は冠詞に意識が向きません。だから英語教師は冠詞のエラーに過剰反応し、学生の間違いの指摘に血道をあげます。受験英語では、だから、冠詞は重要な学習ターゲットになります。

だけど、論旨が逆転するので申し訳ないのですが、ボクの主張は「冠詞は気にしちゃ、ダメ！」です。くわしく述べます。書かれた英語を正確に読むには冠詞への注目は欠かせないし、書く英語だって同じです。英語は特定された対象と、特定されていない対象の峻別(しゅんべつ)に異常にこだわるので、the が使われている場合と使われていない場合とでは、書き手の真意も悪意もそこに隠されます。自分自身の個人的感覚では、英語の一番の難しさは a と the の使い分けにあります。日本語で博士論文を書いたイギリス人の原稿を読んであげたことがあるのですが、唯一の間違いは「は」と「が」の使い分けでした。それにあたるのが、日本人にとっての a と the の使い分けではないでしょうか。それほど冠詞は難しいと思います。

だから、初心者が英語を話しだすレベルでは、冠詞を意識していたら英語など口から出てこなくなります。初心者は、冠詞を意識しちゃダメです。冠詞など忘れてガンガンしゃべるべきです。冠詞よりも、語順の逆転のほうがはるかに大切です。語順の逆転に慣れることを最優先にしなきゃ、英語は口から出てくるようになりません。初心者に逆転と冠詞の峻別を同時に求めるのは過酷すぎます。冠詞なしでガンガン話せばいい。初心者と向きあうネイティブなら気にはしないでしょう。そのうち自分から the をつけたくなってきます。the が使えるようになってくると、今度はａとの違いが意識され始め、自分から冠詞に意識を割けるようになってきます。言葉はそうやって、順番に、少しずつ上達してゆきます。それを性急に求める教師は、話す歩みの難しさを自分では体験していないはずです。「話す英語」の進み方は、身体でおぼえてゆくスポーツに似ています。

黄金のコラム｜英語と哲学のニューウェーブ　3

## 単数・複数の区別は、どうでもいい！

冠詞のロジックと背中合わせになっているのが、単数形と複数形の使い分けです。事物でも人間でも、単数ならそれは一つしか存在しないから特定可能になります。特定可能な対象は、どこまで行っても責任追及される可能性を帯びています。だから the で特定されていて、しかも単数の対象だったら、何か損得や損害に関する事態が発生した場合、責任追及からは絶対に逃げられません。英語にはこの厳しさが厳然とあります。だから世界中のビジネスで英語が使われます。責任の所在や範囲を不明瞭にしたビジネスは成り立たないので、簡潔にそこを明示できる英語が歓迎されるのです。

しかし対象が複数あったら、しかもそれが追及されるべき対象だったら、どうにもなりません。なぜなら、複数形の対象は、「オマエだろう！」「いや、お前のほうだろう！」と水掛け論になるので、責任追及は不可能になるからです。つまり特定化をあきらめるしかなくなります。ですから、このロジックを踏まえて、自分のほうから曖昧にしたい場合には複数形を多用することになります。英語にも逃げ道があり、それが複数形。このへんを知り抜いて巧妙に使い分けるのが単・複の使い分けの妙。冠詞にしても単・複の使い分けにしても、これらは、名詞が格語尾を失った歴史がもたらした産物であり、格語尾を失っても「特定することにこだわり続ける印欧語」が生み出した苦心の策なのです。

日本語では、これもまた曖昧になります。「言語」と言おうが、「諸言語」と言おうが、学者以外は気にしません。どうでもいい。だから、初心者が英語を話すとき、単数形と複数形の違いなんて気にする必要はないのです。ガンガン単数形で話せばいい。そのうち単・複の違いが気になってきます。そうしたら、意識し始めればいいのです。

ジュースは液体だから物質名詞で、複数形はないと勝手に思いこんでいました。しかし、運転しながらラジオを聴いていると、ジュースの宣伝で、しきりに Juices、juices！　とやっていたのです。たしかに、apple juice もあれば、pineapple juice もありました。辞書にも複数形がちゃんと載っていました。フィリピンへ行って初めて気づいたことです。自慢にならない体験ですが、そんなものです。ところで、南国では coconut juice がとてもおいしい。それから、green mango shake。これはもう、炎天下の南国では一度味わったら忘れられない絶品です。

# 新説：「３単現の –(e) s」なぜつける？⑴

動詞の主語が３人称で、単数で、時制が現在（３単現）の場合、その動詞の語尾に –(e) s のタッグ（しるし）をつけます。いわゆる「３単現の –(e) s」。これは中学1年で習う英文法。でも、先生に「なぜ？」と聞いても答えは聞けない。「いいから、おぼえなさい」としか言ってくれません。大学の英文科で教授に聞いても同じこと。答え方が少し変わるだけ。「もともとは１人称も２人称も語尾変化していた。複数形にも特定の語尾があった。しかし、次第にそれらが消えて３単現だけに –(e) s が残った」、「なぜか？　それはわからない」、としか答えてもらえません。これは英語の先生や大学教授が悪いわけではない。英米の研究者でもわからないという。どんな本を読んでも、そうとしか書いていない。これが現時点での世界共通の答えです。

ホントかよ、そんな疑いがかすかにありました。理由のない変化や結果などあるはずがないのに。それが因果論の本質のはず。でも、しかたがないので疑問をもつことすら忘れていました。けど、けど……、フィリピンで、偶然、「３単現」の動詞語尾だけに –(e) s をつける理由がわかっちゃった。驚かないで読んでほしい。これ、文献上の証拠をそろえた学説じゃないから身構えないでほしい。英語のプロの権威を失墜させるのが目的でも絶対にない。だから、安心して読んでください。

動詞の活用語尾はしょせんタッグ。主語を想起するための目印。まずこの認識が大前提。それがわずらわしいので次第に消えていった。これも事実。しかし、なんで「3人称・単数・現在」にだけ、活用語尾が消えずに残ったのか。そこがわからない。なんでそこにだけ目印＝タッグを残したのか？　絶対に理由があったはずです。

しかし、今はもうわからなくなってしまった。しかしそれは、理由を証明できる文献が見つからないというだけのハナシでしょう。マニラである「日／英」バイリンガル雑誌の編集をしていたことがあります。あるフィリピン企業の宣伝媒体でした。ライターは全員フィリピン人。予定外の原稿が一篇、机の上に載っていました。まわりに聞くと、「読んであげて」ということでした。原稿に目を落とすと、すぐに素人が書いたエッセイだとわかりました。文体に強い癖がありました。まあ、最後までと思い読み進めました。それが大発見の発端でした。（5につづく↓）

黄金のコラム｜英語と哲学のニューウェーブ 5

## 新説：「3単現の –(e) s」なぜつける？⑵

考えてみてください。過去はもう存在しません。だから過去の動作は危険ではない。だからタッグはいらない。複数の場合は責任のなすりあいに発展する「水掛け論」が待っているのでタッグをつけるのはあきらめる。人称の側面から考えても、1人称がわからなくなるのは認知障害になった場合だけ。2人称だって、それは目の前の人だから目印はいらない。一番危険なのは、いま現に生きている3人称の人物。こいつは実名を隠して he とか she とか仮面をかぶる。そいつがお金を貸した相手だったら、実名がわからなくなってしまうのは絶対に困る。だから３人称はどこまでも追跡し続けたい。

万が一、その人間が危険人物だったら命にすら関わるから、そいつは絶対にマークし続けなければならない。ありがたいことに、もし……、そいつが単数なら論理的に特定可能です。だから、最低限、そいつにだけはタッグをつけ続ける。こうして注意喚起の対象は「３単現」の人物や事物だけにしぼりこまれた、と想像されます。これがボクの推理。

このロジックは英国人が集合意識で了解しあっていた特定化のルールです。一般的に西洋人はみな、このルールの意味を無意識にわかって英文を書いています。ボクはフィリピン国立公文書館で膨大な戦争裁判記録を長年読み続けてきた経験があります。英文中の人物特定はつねに冠詞と、単・複と、動詞語尾の「３単現の -(e) s」にさえ目を光らせていれば絶対に間違えません。英語はそういうふうにできている。それが英語のロジック。白人の書いた英語でこのルールを犯した英語などには、かつて一度もぶつかったことはありません。ましてや裁判記録には一切なかった。

ところが、ボクが目を落としたエッセイには、一箇所、解せない箇所があったのです。誰だか特定できない三人称の代名詞がまぎれていたのです。ありえない使い方でした。嘘だろうと思い、何度も読み返しましたが、どうしてもわかりません。こんな英語ってあるのかと驚きました。素人にしても、フィリピン人がこういう英語を書くのかと衝撃は深かったのです。それからその英文が頭から離れなくなり、二、三日ずっと考え続けていました。その果てで、最後に見えてきたのが、すでに述べたロジックです。

英語ロジックの本質は特定化です。そのための仕組みが「3単現の -(e) s」と、定冠詞、および単・複の峻別です。「もしその自覚が希薄だったら……」と気づき、それならこういうエラーも出てくるぞと、合点したのです。どうでしょう、この推理。吟味は、餅は餅屋にまかせます。

黄金のコラム 英語と哲学のニューウェーブ 6

## レヴィ=ストロースの卓見

文化人類学者のレヴィ=ストロースは晩年、日本の文化に強い関心を示し、鋭い分析的コメントを遺しています（『月の裏側』参照)。彼は西洋文化は遠心的だが、日本文化は求心的だと指摘しました。彼は、日本人が自己をとらえるしかたは日本語に基づいていると見抜いていたようです。

彼は言います。「日本語の統辞法が、一般的なものから特殊なものへ限定することによって文章を構成するのと同じく、日本人の思考は、主体を最後に置きます」と。これは「昨日、どこどこで〜、〜〜を、〜〜した、僕は」というふうに、動詞を文末に置き、主体も文末に添える日本語の典型を言い当てています。当然日本人の行動はまわりを取りこんだうえでのアクションとなり、しかもそれをもう1回、「〜僕は」という形で自己に引きこみます。こうして日本人の主体は「一つの実体となります。つまり、自らの帰属を映し出す、最終的な場となるのです」。彼はこう分析します。

このような傾向は、たとえば、中国から伝わった鋸(のこ)が、日本国内で、前に押す道具から手前に引く道具に変わった現実にピタリと対応していると彼は言います。「鋸は引く」ものだと日本人は誰もが思っていますが、それを SOV の文末後置の動詞のせいだと見抜いていたのは、さすがレヴィ=ストロースです。彼は、これは、日本人が「せまい社会的・職業的グループ」の中で生きてきたためだと分析します。

もちろんこの分析を反転させれば、エーゲ海→地中海→大西洋→太平洋と遠心的に世界を広げてきた西洋人の生き方をも理解させます。彼らは、一切に優先させて自我を立て、いきなり外に向かって行動を起こしました。それは［SVO］の統語力のせいだったと考えて間違いありません。

今、世界は一つの地球村になり、しかしその中に膨大な多様性があり、しかもその世界がまるごと猛スピードで変化しています。それに比し、日本の政治家や役人の意思決定が驚くほど遅く、しかも曖昧な結論しか出せない現実を理解しようとするとき、その原因の相当部分に、日本人の思考と行動を決定づけている日本語の統語構造自体があるとしたら、さあ、どうすべきなのでしょう？　ボクは、今の自分の国が怖くてなりません。

# 敬語と英語 －消えてしまう自虐性

ボクは、フィリピンへ行く前、東京で15年間、予備校で古文を教えていました。古文の難しさの一つは敬語。しかし、教えていた以上は平安期の敬語も、日々の生活での敬語の使い方も完璧にマスターしていました。その教えていた本人が言うのは非常に変なんですけど、ボクは敬語が大きらいです。だから、日常の生活ではできるだけ敬語を使わない会話を心がけていたし、それは今も変わりません。

英語に敬語はない。これは本当です。~, sir!　なんて、死んでも口にしないし、Would you ~? Could you~?　はさほど気にならない。海外で英語を話しているかぎり、敬語のプレッシャーは感じないで済みます。これが20年も自分を海外で暮らさせた理由の一つのような気がしてなりません。

敬語は自分から使うものだから、自分で自分を卑下し、自分で自分を相手に対して弱小化することになります。心地よいはずがないのです。ボクは、敬語廃止運動の先頭に立とうかと思っています。冗談です。ボクは冗談が好きなので、日本にいたときも、フィリピンへ行っても、飼っていた犬や猫に敬語を使って話しかけていました。「ポコちゃん、もうご飯、食べ**られ**ました？」「ピピちゃん、こっちの部屋に**お越しになられませんか**？」「マロさん、何を**なさっておられる**のですか？」といった調子。敬語がバカバカしいほどに空転するので、それがおもしろくて、ときどきやっていました。

たとえば、外国のえらい人が日本へ来たとします。それを空港で出迎えた政治家が、「このたびは、閣下におかれましては、遠路はるばるわが国へお越しいただき、恐悦至極に存じます」と、日本語でやったとします。これを、ざっくばらんに通訳すると、Thank you very much for your long trip to Japan. でしかありません。英語にすると、敬語も日本語の匂いも消えます。この落差を知ったうえで英語は使う必要があるのです。日本人は無意識に、日本語の重圧や威圧に気圧(けお)され、自己を委縮させてはいないでしょうか。自分から委縮する理由が、今の時代、どこにあるのでしょう？　いったいこの世に、どれほどのえらい人間がいるというのでしょう？　無頼漢のボクは、いつもそう感じます。この感覚と英語が通じあうのです。

黄金のコラム｜英語と哲学のニューウェーブ 8

## 白黒をきっぱりつけないのが、フィリピン流

フィリピンのセブ島とかレイテ島とか、小さな島々が散らばったビサヤ地方の海での体験。船で旅行していました。船といっても定員20～30人程度の小船。船べりに陣取り、波しぶきを浴びながら海面を見ていました。海の色がどんどん変わるのです。エメラルドグリーンから真っ黒い海へ、そしてふたたび明るい水色へと目まぐるしく変わります。海の色と色の境目が潮目でした。遠くからはその潮目が明瞭に見てとれます。海中の潮やプランクトンの濃さが海の色を複雑に変えていたので

す。その潮目を見つめつつどんどん近づいてゆくと、その潮目が消えます。またその先の潮目に目を凝らし、また近づいてゆきます。するとまた消える。潮目は、そばへゆくと何も見えません。海の上には境目も区切りもない。何度もそれを確かめ、目を楽しませていました。

と、突然、閃いたのです！「これだ！　これがフィリピンだ！」、ボクはフィリピン文化の本質を見抜いていました。そう直感できました。海の上に線は引けないのです。陸の上に線を引くようには。マレーから小舟に乗ってフィリピン群島へ北上してきたフィリピン人の先祖たちは、海の民だったのです。海で生きていた海の民にとって、陸で地上に線を引くように、万事にはっきり白黒つける生き方は自然に反していたのです。だから、彼らはなんでも曖昧にするのです！　この体験を教えていた大学で話してみました。「きみたちが、何事にもグレイゾーンを設ける理由は、きみたちの祖先がフレキシブルな海の民だったからじゃないのか？」と。学生たちは、にわかに騒然とし、互いに顔を見あわせて、わが意を得たりとばかりに、「そのとおりです！」「間違いないです！」「ありがとう、いま自分たちがわかりました！」と口々に叫びました。

マニラで現地新聞の記者をしていたときの体験。当時のフィリピンは、憲法改正をめぐり、国論が割れていました。改正の規定を読むと一番重要な部分が抜けていました。そこが曖昧な以上、激論自体が無意味でした。その規定を書いた憲法学者を探りあて、質問に向かいました。「どうしてこんな穴があるんだ？」、いきなり質問をぶつけました。「どうしてそういう質問をするんだ？」、彼は眼光鋭く切り返しました。「ここの規定がない以上、一切の議論が無意味であり、論理的な結論など出ない」、ボクは詰問をゆるめませんでした。チラッとボクの目を見て、豹変。「いやァ～、忘れちゃったんだよ、みんなが！」と頭をかいて、ごまかしたのです。あぜん！　しかし、すぐにその意味を解しました。フィリピンでは、白黒は、状況に合わせて人間が柔軟に決めるものなのです。

黄金のコラム｜英語と哲学のニューウェーブ 9

## ヴァイキングからきた、Give & Get

西洋文化を理解するには、一元論と二元論の両方が必要です。一元論とは言うまでもなくユダヤ教やキリスト教の世界観であり、「神様は一人だぞ！」という考え方です。二元論とはつまり、精神と肉体、プラスとマイナス、天国と地獄、善と悪、受動と能動等、物事を二つの対立原理で理解する世界観です。これは人間にとって普遍的な発想ですが、この二元論への西洋人のこだわり方は「ハンパナイ」のです。アメリカの政治は民主党と共和党という二大勢力の対立で運ばれます。しかし日本では絶対に二大政党化などしません。かならず多党分立し政党は離合集散をくり返します。それは日本が多神教、多元論の国であることと密接につながっています。

間違いなくアメリカ人や西洋人は、二元対立が現象世界を生むと考えています。せっかく全能の神を考え出していながら、どうして神に対立する「悪魔」をつくり出さなければならないのか、日本人には不可解ですが、彼らにとっては神と悪魔の対立を得て初めてことは落着します。この二元論の観念が英語の世界に投影されると、Give & Get になります。人間や事物の関係一切をGive（与える）とGet（もらう）の関係に還元して表現するのです。実際、どんな場面でどんな動詞を忘れても、GiveかGetを使えば、かならず窮地を脱出できます。これほどありがたい言葉はありません。しかも、GiveかGetを使えばかっこいいアメリカ英語になる。それだけではない。「与える⇔もらう」の関係が釣りあってさえいれば人間は幸福でいられ、その関係のバランスが崩れたときに、争いが起こり、人は不幸に見舞われる。この叡知も与えてくれる。

このGiveとGetという動詞、実は、古ノルド語から英語に入ってきた言葉です。つまりヴァイキングがイングランドにもちこんだ言葉です。ヴァイキングは海賊行為をしていただけでなく、もともとは海上の交易者でしたので、「与える＝もらう」の原則は彼らの根本的な生存原理だったようです。海賊の娘が嫁ぐときはかならず持参金を必要とし、婿のほうもそれに見あう贈与を用意できなければ婚儀が成立しませんでした。また祝宴に招かれる客も手ぶらで出かけることは許されませんでした。そんな背景がヴァイキングの世界にあり、それがGiveとGetになって英語の世界に居場所を得たのです。そして世界中の人々のあらゆる交換を支えているのです。

黄金のコラム｜英語と哲学のニューウェーブ 10

## ヴァイキングが、世界にもたらしたもの

ヴァイキングの活動期は４期に分けられます。第１期が800～850年、第２期が850～900年、第３期900～980年、第4期980～1050年。

イングランドを最初に襲ったヴァイキングが787年で、ノルマン・コンクエストが1066年でしたから、イギリスはヴァイキングの活動期の全期間にわたって襲撃され、その脅威を受けていたことになります。

われわれは西洋史を理解するときヴァイキングの存在を忘れがちです。「ゲルマン人の大移動」の奔流部をなしていたのがヴァイキングでした。彼らは吃水の浅い大型船を最大の武器にして川幅の広い河口から、どこへでも内陸部へ侵入しましたし、上陸すれば馬を略奪して陸戦部隊にも変貌しました。襲撃地では放火、略奪、殺戮、虐殺、暴行、なんでもありで、奇襲を旨とし、とりわけ金品宝石を貯めこむ僧院が狙い撃ちされました。司祭、修道士、ミサの侍者らは皆殺しの対象でした。

初期のヴァイキングは略奪が主目的で、襲ったあとは風のように立ち去りましたが、次第に土地に居座るようになり、侵入地への同化を深めてゆきます。そうしてイングランド北部から、中部、南部へとその影響力は次第に深まっていったのです。彼らは個の自由を何より尊びましが、それは支配することへの淡白さともなって表れ、定住地での住民との軋轢は思いのほか少なかったようです。それが古英語と古ノルド語の交流となり、さまざまな英語の変化を生み出しました。古ノルド語の代表にgive と get があったことはすでに述べましたが、take もそうだし、call も die も、lift も raise もそうでした。英語として定着した平板な語が多いのです。

もう少しふれるなら、発音のまぎらわしかった古英語の３人称複数形が消えて、その代わりに古ノルド語から they/their/them が英語に入り、それに連動して be 動詞の are も英語に入りました。何より重要なのは文化背景の違う古ノルド語が入りこんできた影響で、そもそも形骸化していた古英語の名詞の性（gender）が一層無意味になり、それが消えたことです。名詞から性が消えたことにより英語は軽量級のボクサーとなり、世界中で国際語として羽ばたけることになったのです。海賊ヴァイキングの功罪は簡単には論じられません。歴史の解釈とは、なんとも難しいものです。

黄金のコラム｜英語と哲学のニューウェーブ 11

## シジュウカラも、語順の違いを知っていた

先日、偶然、NHK「サイエンス ZERO」という番組を見たのです。それは興味津々の内容でした。鈴木俊貴准教授（東京大学先端科学技術センター）が野鳥の鳴き声を長年研究してきて、とんでもない事実を発見したという趣旨でした。それは「動物言語学」という世界でも初めての学問分野を切り拓いた、画期的な研究だというのです。つまり動物も言葉をもっているらしいのです。

言語は人間だけに限られた能力のように思われていますが、鈴木准教授の研究によると、そうではないというのです。サルやゴリラや犬の発する声も言葉だという類の研究ではなく、なんと、野鳥の鳴き声がすでに文法をもった言語だというのです。それが事実なら、人間の言語理解をも覆しかねない画期的なものですから、日本が騒ぎ、世界が騒ぐのも当然です。そんな研究の存在を知りませんでしたので、慌ててネットを使い、Amazon で書籍を探し、その研究を確かめ始めました。研究対象の野鳥とは長野県軽井沢町にある国設・軽井沢野鳥の森に棲むシジュウカラたちのことでした。

シジュウカラは、ゴジュウカラとか、ヒガラとか、コガラとか、「カラ」のつく鳥たちの一種で、カラ類と呼ばれているそうです。サイズはほぼスズメの大きさ。そのシジュウカラは冬になって餌(えさ)が少なくなると、同類で「混群」と呼ばれる群れをなすそうです。群れる習性があるほうが、天敵のカラスやモズ等に対抗して安心して餌をついばめるらしいのです。鈴木准教授はそのシジュウカラを大学４年生の卒論制作の頃から20年近く観察し、特にその鳴き声を聴き分けて、それがどんな意味をもつのか確かめる実験をいろいろくり返してきました。ここでは、そのすべてを紹介するのではなく、本書のテーマである語順の問題に結びつくかぎりで、ポイントをしぼって考察してみたいと思います。シジュウカラは語順を解すらしいのです。

まずは、観察結果や実験にふれないことには先へ進めませんから、そこから始めます。シジュウカラはまわりの仲間に「警戒しろ」と伝えるときには「ピーツピ」と鳴くそうです。また、餌場に「近づけ」と伝えるときには「ヂヂヂヂ」と鳴くそうです。そして、「警戒しながら➡近づけ」と伝えるときには、「ピーツピ➡ヂヂヂヂ」という順序で鳴くそうです。「ピーツピ」という鳴き声と、「ヂヂヂヂ」という鳴き声を一つにつなげて、「ピーツピ➡ヂヂヂヂ」という意味ある一連のつながりをつくることを「コア併合（core-merge）」というそうですが、明らかにシジュウカラはこの能力をもっていたそうです。

この「コア併合」の結果である「ピーツピ➡ヂヂヂヂ」の連続音を一つのスピーカーから流した場合には、シジュウカラは天敵のモズの剝製に接近し、威嚇のディスプレイをするそうです。しかし、同じ連続音を二つのスピーカーに分けて出した場合には、接近もせず、威嚇もしなくなります。つまり、シジュウカラは単に音に反応していたのではなく、同一の音源から出た有意なメッセージなのか、別々の音源から出た意味をもたない音なのかを的確に聴き分けていたことになります。その聴き分ける能力自体が、シジュウカラの２語を「併合」する能力を証拠立てていました。なぜなら、反応しなかった場合には、シジュウカラ自身が行う「併合」とは違う何かをそこに感知していたことになるからです。それは、シジュウカラが仲間と共有する「併合」を、互いにシェアし合える能力として意識的に使っていたことを意味します。

この２語の「併合」は、たとえば、「来て➡話す」などの、人間の言語における２語の結合に相当する現実だそうです。そしてこの理解は、次の事実によってさらにはっきりと確かめられました。鈴木准教授は「ピーツピ➡ヂヂヂヂ」の音源を、「ヂヂヂヂ➡ピーツピ」に変えて試してみたのです。そうしたら、その音に対しては、音源が一つであろうと二つであろうと、シジュウカラは反応しなかったのです。つまりシジュウカラは、モズの剝製のまわりに集まったり、それを威嚇したりする行動をとらなかったそうです。

これは重大な実験結果でした。シジュウカラは、「ピーツピ➡ヂヂヂヂ」と、「ヂヂヂヂ➡ピーツピ」の違いを識別していたことになるからです。鈴木准教授は英語の論文の中では、語順（word order）という言葉は使っていません。彼は注意深く fixed-ordered sequence という表現を使い、人間の言語と野鳥の言語との安易な同定を避けています。それはサイエンスとして正統な姿勢ですが、日本語で書かれた簡潔な報告書の中では、明確に「語順」という言葉を使っていますので、「ピーツピ」と「ヂヂヂヂ」のさえずりの順序を「語順」と解してもかまわないのだと思います。

「ピーツピ➡ヂヂヂヂ」には仲間が反応したのに、「ヂヂヂヂ➡ピーツピ」には反応しなかった理由を考えてみましょう。最初は「警戒しろ➡近づけ」のさえずりですが、順序を逆転したものは「近づけ➡警戒しろ」という意味のさえずりになります。さて、「警戒しろ➡近づけ」と伝えるメッセージがはらむロジックと、「近づけ➡警戒しろ」と伝えるメッセージがはらむロジックを比較してみましょう。前者のメッセージは生命体の自然な行動を支えています。「注意しながら➡近づく」行動は、すべての生命体がもつ妥当な行動形態です。つまりこの指令は、自己の生命を守るためのファンダメンタルなロジックをはらんでいて、すべての生き物の生命原理や生存原理に合致しているのです。他方、後者、つまり「近づけ➡警戒しろ」のメッセージは、指令として矛盾していませんか？　「近づけ」は餌の存在を暗示するメッセージですから、すでに仲間によろこびを伝えています。しかしそれがすぐに「警戒しろ！」と注釈されるわけですから、それを聞いた仲間たちはよろこんでいいのか怖れるべきなのかわからなくなるはずです。つまり、「ヂヂヂヂ➡ピーツピ」は、矛盾したロジックによって構成されていることになります。そのロジックは生命体の生存を支える指令になっていません。シジュウカラたちがそのような語順に反応しなかったということは、鳥たちはそこを見抜いていたことになります。

シジュウカラたちの反応を、単に、語順の違いを識別し、いつもと違う語順だから反応しなかったと結論づけるだけで満足するのは不十分のようです。「ヂヂヂヂ➡ピーツピ」には反応しなかった本質的な理由を探る必要があるはずです。それは第一に、語順というメッセージが生命原理に直結した言語機能だということのようです。まず、ここを外すべきではないでしょう。

次に、「ピーツピ➡ヂヂヂヂ」は「注意しろ！➡集まれ！」の意味でしたから、どちらも個々のさえずりは動詞的な役割を果たしているように思われます。「注意しろ！」、その上で、「集まれ！」は、どちらも仲間にアクションを促しているはずです。他方、「ヂヂヂヂ➡ピーツピ」は、「集まれ！」とアクションの指令を発してから、そのアクションに対して「注意するんだぞ！」と補足説明しているように思われます。これは動作に対する修飾ですから形容詞とは言えませんので、副詞的と言っておきましょうか、つまり、「ヂヂヂヂ➡ピーツピ」の後置の「ピーツピ」は、副詞的な補足説明を荷っているように思われます。その後置修飾語が、前置されているアクション（動詞）に対して矛盾した指令を補足しているとしたら、「ヂヂヂヂ➡ピーツピ」の指令は、生命原理に反した非論理的なメッセージだということになります。いくら語順を識別できるシジュウカラとて、品詞の自覚まではもっていないでしょうが、それを分析する人間の目からは、それくらいの分析眼を働かせても筋違いではないはずです。

　この気づきをさらに発展させて考えてみると、シジュウカラの語順意識は、［V←O］＆［N←A］の後置修飾型のメッセージに合致していることがわかります。シジュウカラの生存環境は人間の生存環境より何十倍、何千倍、何万倍もシンプルなものでしょうから、前置修飾の［O→V］＆［A→N］を要請するほど複雑ではないはずです。とすると、この連想を日本語と英語の問題に引き戻してみるならば、英語の後置修飾型の統語形態は、シジュウカラが駆使していた語順原理に重なっていたことになります。逆に日本語の前置修飾型の統語形態は、生存に急を要さない、シジュウカラが受け入れていた語順原理とは真逆の語順原理を採用していることになります。

「ヂヂヂヂ➡ピーツピ」も「V←O」なのに、反応しなかった理由の解明がまだ足りないようです。考えてみますと、このメッセージは「集まれ！」という動作をいきなり命じてはいますが、その直後に「警戒しろ！」と、その指令にブレーキをかける補足説明をしていましたので、「集まれ！」という最初の指令は自己否定されていたことになります。そういう矛盾した語順や、生命維持のロジックに反した語順は、シジュウカラを死に追いやるかも知れません。「警戒」を要しているのにいきなり「集まって」は、捕食者にとらえられてしまうかもしれないからです。後から「警戒」しても遅いはずです。ですから「ヂヂヂヂ➡ピーツピ」という語順の命令が機能しなかったのは、「V←O」型のアクション優先のメッセージではあっても、生命を管理する別の検閲にひっかかり、この語順が否定された可能性があるのです。つまり「ヂヂヂヂ➡ピーツピ」にシジュウカラが反応しなかったのは、語順の認知機能のさらに奥にあるホメオスタティック（生命維持志向的）な別の指令が働いてブロックした可能性があるのです。語順は単なる語の順序ではなく、命を維持する根源の機能とも連動しているはずなのです。脳も意識もない単細胞生物でさえ、安全なものには接近し、危険なものからはただちに離反する反射機能を具えています。まして高度な鳥類ならなおさらでしょう。

シジュウカラの生存環境は、カラスやモズや、タカ等の猛禽類や、さらには地上からはい上がってくるヘビなどに取り囲まれた危険きわまりない環境です。そこは前置修飾を容れる余裕などない厳しい環境のはずです。そういう環境でさえずりの語順を駆使していたシジュウカラのその語順技術は、動詞の使用に重点を置くロマンス諸語や英語と同じ「価値観」で形成されていたのだろうと評価できます。しかし「価値観」とは、間違いなく言いすぎです。生存を左右する周辺環境を反映した「傾向」、と言うべきでしょう。語順とは、そういう背景を反映したものとして理解する必要がありそうです。

鈴木准教授によるシジュウカラの研究は、もう一つ、別の視点をもたらしてくれます。それは言語における語順と、生命原理や生存原理との関係の不可分性です。

シジュウカラはヘビを見つけると、「ジャー、ジャー」という特異的な鳴き声を上げるそうです。ヘビはシジュウカラにとって捕食者であり、巣の中のヒナや卵にとっても最も危険な存在です。ですから、「ジャー、ジャー」は危険を知らせる警戒コールです。鈴木准教授は、ヘビに似せた木の枝に細いひもをつけて、木の幹を上へ動いてゆく見せかけのヘビをつくり、同時に「ジャー、ジャー」の音声をスピーカから流したそうです。シジュウカラはその声に反応し、見せかけの木の枝に近づきますが、ほどなくして関心を失います。鈴木准教授はさまざまな状況をつくり何度も実験しましたが、シジュウカラは偽物のヘビを見破ってしまったそうです。

ここでわかることが2点あります。まず、シジュウカラがスピーカーから流れた「ジャー、ジャー」コールに反応したことは、間違いなく特異的な聴覚刺激に反応したことを示していますが、すぐに反応しなくなった事実は、シジュウカラが特異的な鳴き声からヘビの視覚的な映像（mental image）を呼び起こし、その視覚映像を使って本物のヘビと偽物のヘビを見分けていたのだろうと想像されるのです。このときシジュウカラは記憶から呼び起こした視覚的な検索イメージ（visual search image）を、本物かどうかを確かめるための参照（referentiality）として利用していたことを示しています。一番の問題は、それが「ジャー、ジャー」という聴覚刺激としてのシジュウカラの言語が、シジュウカラの過去のイメージ、鳥の神経組織内のイメージに連動していた事実です。

この事実の背後にも、非常に大きな意味が隠れています。鳥であれ、そのさえずりと呼ばれる一種の言語が、視覚と一体化したイメージに連動していたという事実は非常に重いのです。なぜなら、ここの解釈は南カリフォルニア大学のアントニオ・ダマシオ教授が提唱していた理論にふれずには済まないからです。ダマシオ教授は、言語の根っこは情動と一体化したイメージで、それはあらゆる生命体の生存原理を支えるホメオスタティックな機能の一部をなすものだと主張していたからです。くわしくは本シリーズの１冊目『英語は肉、日本語は米』を参照してください。ダマシオ教授によると、言語を大脳皮質上の言語野に限定して理解するのは間違いで、人間の場合なら、脳幹や脳幹上部のより深い脳組織の中に言語の根っこがあって、その言語情報は非言語的なイメージとして存在しているからです。ダマシオ教授は人間の大脳生理学や神経生理学の研究者ですから動物のことに関しては言及していませんが、しかし、彼の言っていることは生命全体の進化論的な側面からも言及されていることですから、いま述べているシジュウカラの言語と視覚イメージの関係まで包みこむのです。

　わたしたちのテーマは英語と日本語です。わたしは何を言いたいのでしょう？　テーマを最初に戻す必要がありそうです。発端はシジュウカラがもつ「語順」の識別能力でした。そして、鳥類という、人間から見ると進化のずっと下位にある生命種においてさえ言語の萌芽があり、しかも語順の識別能力さえもっているという事実は、われわれに驚きを与えるだけでなく、人間の言語を再理解させる契機を与えてくれたのです。しかも、その「語順」が動物の生命原理やロジックを反映したメカニズムになっていたことにさらなる驚きがありました。そして、そのうえもう一段、「語順」にまで裏打ちされた鳥類の言語能力が視覚イメージに連動していた事実が、なおさら言語と生命原理、言語と生存原理の密接不離の関係をも浮かび上がらせてくれました。ここまでが、多くの科学者たちによって検証され、実証された事実です。

そのうえで、英語と日本語という、「語順」原理を内包する言語ツールを使うわれわれは、これらの事実をどう受け止めるべきかという問題意識になるはずです。自然の原則や、科学が明かした事実に反した判断をするならば、それは愚行と呼ばれます。

わたしたち日本人の英語の学び方は、自然の原則や科学が明かした事実に、果たして沿っているでしょうか？　目で国民に英語を学ばせることに執着し続ける今日までの日本の英語教育に、理はあるでしょうか？言語がはらむ語順の感覚と語順が発する力は、目からでは獲得できないのです。語順がはらむ威力は口から言葉を発しないかぎり自分のものになりません。とりわけ英語がはらむ語順の威力は、「話す言葉」として英語を自分のものにしないかぎり、学習者自身の能力にはなりません。意識を変え、行動パターンを変えるほどの力には絶対になりません。英語と日本語が違うのは語順が違うからで、口から発せられる語順の力が英語を英語にしているのです。ここを外している英語教育はピントを外しています。写真ならボケています。だから日本人はいまだに国際舞台で何ほどのパフォーマンスをも発揮できないのです。常に、英語を話す諸外国の人々に利用されるだけに終わっています。もう、それはいい加減やめにしたいのです。

目で英語を学ばせる国の教育施策は愚行であり、錯誤です。
国民をこれ以上、スポイルしないでください。

そして、国民各自も目覚めましょう。

Point
# 結論：移動と定住の統語論

人間の優劣ではなく、歴史の優劣でもなく、たぶん歴史に勝敗をつけるファクターとして言語が大きく関与しているようなのです。その際、その言語を話す人間が、移動型の言語を話しているのか、定住型の言語を話しているのか、その違いによって歴史上の勝敗が決まり、歴史が変わり、歴史を牽引する力が変わってくるようになっている、そう思われるのです。

歴史による勝敗とは、勝ったほうが支配し、負けたほうが支配されることであり、負けたほうは国を失ったり、その国が地図から消えたりすることを意味します。負けたほうの人間は極めて悲惨で、多くの場合は殺され、虐待され、いろいろなものを奪われます。難民となることも頻繁に起こります。有史以来の人類の歩みを大雑把に想起するだけでも、そのような出来事は数百回どころではなく、何千回、何万回とくり返してきているに違いありません。人類の歴史とは移動の歴史であり、移動による接触であり、接触による勝ち負けの戦いなのです。「力による現状変更は許されない」という言い方はまったく正しいのですが、そう言っているだけで現状が担保されるほど人類史は甘くありません。「力による現状変更」こそが人間の歴史だったからです。それはかならず起こるのです。もちろん、「攻めろ」と言っているのではありませんが、「守れ」と言う必要はあります。「守る」備えのない国はかならず負けます。これは物理の法則とまったく同じです。重く冷たい外気はかならず窓から部屋の中に入ってきて、部屋中を凍らせます。窓は「閉める」しかありません。

ところで、論理的な言語に先行する国の「守り」って、あるでしょうか？

歴史の勝敗はつねに善悪の判断を超えていて、勝てば官軍、負ければ賊軍、勝ち負けという結果だけが残ります。負けたほうがいくら倫理を説いても無駄です。歴史に謝罪はともないません。謝罪などナイーブすぎる現代の感覚でしかありません。人間の歴史や人類史はもっと醒めています。それを説くことが本書の目的ではありませんが、そこを忘れると本書の意味もなくなります。なぜなら、泣き笑いの結果は未来永劫国民各自について回るからです。

本書の多くのページが、人間が話す言語の統語形態が［OV 型＆ AN 型］と、［VO 型＆ NA 型］に大きく分かれ、前者の言語を話す民族や国家はほとんどの場合ひどい目に遭い、後者の言語を話す民族や国家は、勝てば官軍の愉悦を味わってきた現実をあぶり出したはずです。同じ印欧語族でありながら、OV 型言語に変わったアーリアン諸語を話すインド大陸の人々は、海の果てからやってきた VO 型の英語を話すイギリス人に負けて屈辱の支配を受けました。そのインドが屈辱から脱出できたのもまた、支配者と同じ言語を駆使して復権した事実を忘れてはなりません。彼らはあの異様な癖ある「話す英語」で、世界中の IT 業界を自由に動きまわる民族に変わりました。インドはすでに英語国ですから、彼らは自分たちの思いを自由に英語で話せる国になっており、英語で話した以上は、世界はそれを聴かないわけにはいきません。彼らは代償を払って VO 型言語を「話す力」として獲得しました。そして OV 型言語と共存させ、自分の国の固有性を保っています。22世紀はインドが世界を支配するなどと言っても、笑う人は誰もいません。

本書の第２章で延々と確認した事実は、印欧語が東と西へ分かれて別々の方向へ向かったことにより、東へ向かった人間たちと、西へ向かった人間たちに、それぞれに違う結果をもたらした事実でした。その違う歩みに一番大きな違いをもたらした原因が、前置修飾の［OV 型＆ AN 型］か、それとも後置修飾の［VO 型＆ NA 型］か、ということでした。これはもう誰も否定できない事実であり、厳密な学問的研究の結果です。ただ、このような視点や気づきは非常にマイナーな視点なので、世界中の人間も気づいておらず、日本人もほとんど知りません。英語を教えている日本の教師もほとんど知りません。政治家や役人に至ってはまったく知りません。しかし、そこが国家の存亡を決する肝であり、民族や国民の悲哀を決する分岐点なのです。

オリエント、つまり東へ向かった印欧語族の多くが定住型民族に変わり、その言語を前置修飾の［OV 型＆ AN 型］言語に変えました。東の東、それ以上先へ進めないオリエントのどん詰まりに日本列島があり、屈折語ではないが、膠着語としての日本語があります。そしてそこには極限的な前置修飾たる［OV 型＆ AN 型］の統語形態が結晶しています。日本民族がまさに狭い土地に閉ざされて生きてきた定住型民族だったことが証されています。80年ほど前、反転攻勢をかけて版図の拡大に出ましたが、その言語は［OV 型＆ AN 型］のままだったので、［VO 型＆ NA 型］の英語に負け、戦後の歴史が屈辱の歴史になってしまいました。そしてその屈辱は今も続いており、その度合いはより一層強くなっています。版図は拡大する必要もないし、してはいけないし、すべきでもないのですが、この屈辱状態を取り除く方法を日本中の国民が、誰一人として知らないことが問題です。

一方、西へ西へと向かった印欧語族は、その語順形態をどんどん［VO 型＆ NA 型］に変化させ、最も先鋭的な英語を結晶させました。洗練とは言わないが、その過程で言語のぜい肉をどんどん落とし、スリムになって、文化の背景を無視して誰もが使える言語に変わったのが英語です。そして、西へ西へと人が移動することを支えたのが海上の移動、つまり海という自然条件でした。ポントス・カスピ海ステップといわれる印欧語の原郷は黒海という海をそこにもっていたし、その海は地中海や大西洋を介して南シナ海にまでつながっていました。だから、ポルトガル人もスペイン人も、オランダ人もイギリス人も海から日本列島へやってきました。あまり知られていませんが、鉄砲を種子島に伝えたポルトガル人が乗っていた船は中国の海賊船でした。当時、海で暴れていた中国人もポルトガル人もまさに海賊でしたので、海賊同士が海で手を組んだことは不思議でもなんでもありません。時代がほんの少し下ると、中国の大海賊、王直（おうちょく）が日本の平戸に大豪邸を構えていましたし、それを肥前の松浦氏が庇護していた事実を歴史家なら知っています。

陸を移動する民族は、進む先に未知の国があるにしても、どこででも歩みを止められます。歩みを止めた以上は、その地で快適に暮らすように努め始めます。歩みを止めた民族は土地を耕し、土地との関わりを深め、環境の最適化に執心し始めます。当然まわりへの気遣いや気配りが思考の多くを占めるようになり、V の前に O への配慮を優先するようになります。そうして、行動のための準備や調整に時間やエネルギーの多くを割くようになります。それが VO 型から OV 型への統語形態を強めます。OV 型と VO 型の統語形態の間で揺れていた印欧語にあっても、主文は VO 型、従属文は OV 型という例が非常に多くありました。しかしそれは当然で、従属文というのはしょせん「ぐだぐだ」補足条件を述べるだけの部分ですから、動作を保留した OV 型になるのは当然で、主文のように決然とした表現にはなりません。ここにも人間の行動と動詞の位置が密接に連動していることを見てとれます。移動を止めた民族はかならず、まわりとの合議や調整を通して自己の安全を確保する方向へ進んでゆきます。

しかし、海を移動する民族は、想像してみればすぐにわかります。海の上には何もなく、海はどこまでも海で、大きな陸にぶつかるまではどこまでも先へ進むしかなくなるのです。前へ「進む」という動詞を躊躇させるものは一切ありません。海の上には V に先行する O が存在しないのです。当然 VO という後置修飾の思考・行動形態が生まれます。また、やってきた海路を戻ろうとする意思も絶対に働きません。そっちのほうが危険であり、戻っても何も得られないことがわかっているからです。だから、新しい何かを発見するまでは、どこまでも進むしかなくなります。何かにであうまで、ひたすら進み続けるのです。しかし、進めば進むほど、何かを発見したときはその地は過去に見た地と大きく異なり、生存の環境が大きく変わります。当然、人間がその環境に合わせて変わってゆくしかなくなります。その現実が動詞への傾斜を強めます。そうして彼らは過去にこだわらず、自己をどんどん変える力を獲得してゆきます。ヴァイキングの環境への適応力の高さの秘密はそこにありました。それがまた、動詞を文頭へ文頭へと押し出す傾向を強めたのです。言葉が、連続して前へ走る音であることを忘れないでください。文頭で発声された動詞が生命を決めたのです。この現実は、リュキア語→ギリシア語→ラテン語→ロマンス諸語→英語への変化の中で十二分に検証し終えています。海賊ヴァイキングがイングランドやノルマンディーを荒らしまわり、それらの土地に変化をもちこんだあとは、彼らは母語を捨てました。そして、自ら生き方を変えました。アングロ・サクソンの一部だったジュート人だって、海賊とほとんど変わらないユトランド半島北端の海の民でした。

ブリテン島へ入ったドイツ語の文法は、あとから来た古ノルド語を話す海賊ヴァイキングによってズタズタにされ、さらにはノルマンディーからやってきた別のヴァイキングの子孫たちによっても無視され、放置され、歴史の一定期間を冷凍保存されました。

その言語が解凍されたときにはまわりの環境がすっかり変わり、ズタズタにされた中英語は逆に、変化を受容できる身軽な言語に変わっていました。その変化の本質が海の民、移動する民族、ヴァイキングがもたらした現実だったことは間違いありません。イギリス人は、海の民のよいところをすべて受け継ぎ、しかもスリムになった英語を携えて北米へ渡り、アメリカが海洋帝国を引き継ぎました。アメリカ帝国はいまや、海だけでなく、宇宙軍まで創設し、宇宙空間にまで支配権の範囲を広げています。宇宙船（space ship）という言葉が海を生きる行為の強さを証しています。

すべて、動詞を前置する英語の力です。ヴァイキングは支配に淡白でしたが、イギリス人やアメリカ人は支配に異常な執着を示します。彼らが戦闘に血道をあげていた「ゲルマーニー」の根っこの性格に先祖返りしたことは間違いありません。当然、侵入されたほうの住民は支配される人間となり、心地よい生き方はできなくなりますが、支配者のほうからすればそれは考慮に値しないことになります。そうして、今も、世界中で戦争が起きています。肉眼ではなく、赤外線カメラで見れば、ウクライナとロシアの深層や真相も、報道内容とはまるで違うものとして見えてくるでしょう。だから滑稽な茶番劇が世界の通念となっているのです。あれは印欧語族の間の呵責なき争い、昔からの性懲り（しょうこ）りもない殺し合いのくり返しです。でも、泣いている一人ひとりの国民の涙は、どちらの国においても、紛れもない人間の涙です。

この問題は印欧語族だけの問題ではありません。今を生きる日本人の現在進行形の問題でもあります。そして、近未来を生きる日本民族の問題でもあります。英語の問題はこの現実に対峙するときの日本国の、日本民族の、そして一人ひとりの日本人の命に直結した勝ち負けの問題なのです。

英語を英語だけの問題として、いや、TOEIC のスコアの問題としてのみ理解している日本人の感覚は、すでにガラパゴス化していると言ってよいでしょう。

ここまで認識を整理してくると、問題は、日本語を話して今を生きるわれわれ日本人が、英語をどう理解し、英語とどう向きあうべきかという本書のテーマそのものの問題になってきます。被支配者でいることに愉悦と安住を見いだしている人など、本書の読者にはいないでしょうから、その前提で以下を述べます。

① まず環境の変化に対応できる人間が生き延びる。

② 次に人間が変わる力の根底に、言語・語順の力が厳然とある。

③ 人間の思考や行動力を変える言葉は、読む言葉ではなく、話す言葉である。

④ 話さなければ、語順の違いが思考や行動を変える力にならない。

⑤ そもそも、「勝ち残る・生き残る」という意志があるかどうかが根本命題である。

⑥ そして、生き延びる人間しか未来に貢献できない。

これらを踏まえずに進める議論は意味がないでしょう。これらをきちんと踏まえてゆくと、為すべき範囲はどんどん狭まりますが、しかし、それだけターゲットはしぼりこまれてゆくので、目が的を見間違えることもなくなります。これは抽象論ではなく、日本人のリアルな課題として提言しています。

**Ⅰ）**日本民族が絶滅危惧種でなくなるためには、われわれは、日本語と英語の両方を話せるバイリンガル国民になるしかありません。

**Ⅱ）**分野や領域を問わず、自国に貢献しようとする人、自国を引っ張ろうという気概をもつ人、そしてできれば同時に、自己の自由と尊厳が何よりの価値だと自覚する人は、日本語と英語の両方を話すバイリンガルになるべきです。

**Ⅲ）**英語が結論を先に出す後置修飾の先端的言語であり、日本語がだらだらと前提条件を先に述べる前置修飾に特化した言語であることをまず認識する必要があります。そのうえで、歴史を牽引する力は英語の後置修飾のほうが強いことも知るべきです。そして、世界が猛スピードで変化しつつある今の時代においては、日本語のあまりに遅い判断原理や行動原理では、絶対に英語に負けてしまうことをはっきりと理解する必要があります。

**Ⅳ）**後置修飾の英語を「話す言葉」として受容できたときには、日本人は、すばやい判断力と、果敢な行動力を獲得し、民族の気質や気概をポジティブなものに変えているでしょう。

**Ⅴ）**それには、英語を「話す言葉」として受容する努力を新たに始めなければなりません。現状の「読む英語」に偏重しすぎた教育法は、時代遅れで、的外れで、認識の錯誤です。

**Ⅵ)**「話す英語」の受容において避けることのできない「逆転」を自覚し、「逆転」を意識しないで英語を話せるようになったあかつきには、日本も、日本人個人も、すでに目的を達しているでしょう。そのときは、日本語の底力が逆に表面に浮き出てきて、世界に真の「和」を構築できる新しい力が出現しているはずです。「話す英語」はそのための最良の伴走者になるに違いありません。

—了—

## 引用箇所一覧

（1）『世界言語への視座－歴史言語学と言語類型論』　松本克己著　三省堂刊、p-211
（2）同書、p-40
（3）同書、p-40
（4）同書、p-40
（5）同書、p-213
（6）同書、p-161
（7）同書、p-143
（8）『歴史言語学の方法－ギリシア語史とその周辺』　松本克己著　三省堂刊、p-332
（9）同書、p-257、脚注1
（10）同書、p-258、p-270、p-291
（11）同書、p-331～333
（12）同書、p-331
（13）同書、p-331、脚注32
（14）『世界言語への視座－歴史言語学と言語類型論』　松本克己著　三省堂刊、p-136
（15）同書、p-133
（16）同書、p-138
（17）同書、p-146
（18）同書、p-147
（19）同書、p-148
（20）同書、p-149
（21）同書、p-153
（22）同書、p-153
（23）同書、p-139
（24）同書、p-139
（25）同書、p-141
（26）同書、p-140
（27）同書、p-144
（28）同書、p-263、264
（29）同書、p-181

(30)『自己が心にやってくる』　アントニオ・R・ダマシオ著　早川書房刊　p-175～176

(31)『世界言語への視座』、p-145

(32) 同書、p-137

(33) 同書、p-148

## 参考文献


『英文法汎論』　細江逸記著　篠崎書林

『英語の歴史』　渡辺昇一著　大修館書店

『英文法を知ってますか』　渡辺昇一著　文春新書

『はじめての英語史』　堀田隆一著　研究社

「現代英語を英語史の視点から考える：第11回　なぜ英語はSVOの語順なのか？（前編）」堀田隆一
https://www.kenkyusha.co.jp/uploads/history_of_english/series/s11.html

「現代英語を英語史の視点から考える：第12回　なぜ英語はSVOの語順なのか？（後編）」堀田隆一
https://www.kenkyusha.co.jp/uploads/history_of_english/series/s12.html

『世界言語への視座－歴史言語学と言語類型論』　松本克己著　三省堂

『歴史言語学の方法－ギリシア語史とその周辺』　松本克己著　三省堂

『ことばをめぐる諸問題－言語学・日本語論への招待』　松本克己著　三省堂

『言語VS認知の脳内抗争史』　柴田勝征著　花伝社

『ゲルマーニア』　タキトゥス著・泉井久之助訳　岩波文庫

『ガリア戦記』　カエサル著・近山金次訳　岩波文庫

『ギリシア史』　桜井万里子編　山川出版社

『スペイン・ポルトガル史』　立石博高編　山川出版社

『馬・車輪・言語（上・下）』　デイヴィッド・W・アンソニー著・東郷えりか訳　筑摩書房

『世界史の誕生』　岡田英弘著　ちくまライブラリー

『ことばの考古学』　コリン・レンフルー著・橋本槙矩訳　青土社

『ヴァイキングの足跡』　G・ファーバー著・片岡哲史＆戸叶勝也訳　アリアドネ企画
『ヴァイキングの暮らしと文化』　レジス・ボワイエ著・持田智子訳　白水社
『言語の起源』　ダニエル・L・エヴェレット著　白揚社
『統辞構造論』　ノーム・チョムスキー著・福井直樹＆辻子美保子訳　岩波文庫
『統辞理論の諸相』　ノーム・チョムスキー著・福井直樹＆辻子美保子訳　岩波文庫
『チョムスキーと言語脳科学』　酒井邦嘉著　インターナショナル新書
『言語の脳科学』　酒井邦嘉著　中公新書
『古ヨーロッパの神々』　マリヤ・ギンブタス著・鶴岡真弓訳　言叢社
『インド＝ヨーロッパ諸制度語彙集Ⅰ－経済・親族・社会』　エミール・バンヴェニスト著・前田耕作監修　言叢社
『現代博言学』　橋本萬太郎著　大修館書店
『貿易の世界史－大航海時代から「一帯一路」まで』　福田邦夫著　ちくま新書
『言語起源論の新展開』　坂本百大著　大修館書店
『ドイツ語学への誘い』　河崎靖著　現代書館
『ことばから観た文化の歴史』　宮崎忠克著　東信堂
『ラテン語・その形と心』　風間喜代三著　三省堂
『英語の歴史から考える英文法の「なぜ」』　朝尾幸次郎著　大修館書店
『英文法を哲学する』　佐藤良明著　アルク
『日本の英文法ができるまで』　斎藤浩一著　研究社
『西ゴート王国の遺産－近代スペイン成立への歴史』　鈴木康久著　中公新書
『月の裏側―日本文化への視角』　クロード・レヴィ＝ストロース著　川田順造訳　中央公論新社
*Experimental evidence for core-Merge in the vocal communication system of a wild passerine*, by Toshitaka Suzuki, nature communications, September 2022
*Animal linguistics: Exploring preferentiality and compositionality in bird calls*, by Toshitaka Suzuki, Ecological Research, January 2021
*Wild Birds Use an Ordering Rules to Decode Novel Call Sequences*, by Toshitaka Suzuki, Current Biology, July 2017
「カラ類の音声研究10年間の軌跡」　鈴木俊貴（『野外鳥類学を楽しむ』所収　上田恵介編　海游社）

「鳥類の警戒声」　鈴木俊貴（『鳥の行動生態学』所収　江口和洋編　京都大学学術出版会）
『動物たちは何をしゃべっているのか』　山際寿一＆鈴木俊貴　集英社
◦「インド・アーリヤ諸部族のインド進出を基にした人類史を考える」　後藤敏文　国際哲学研究３号、2014
◦「ゲルマン語の歴史と構造（1）：歴史言語学と比較方法」　清水誠　北海道大学文学研究科紀要　131、2010
◦「ゲルマン語の歴史と構造（2）：ゲルマン祖語の特徴（1）」　清水誠　北海道大学文学研究科紀要　134、2011
◦「ゲルマン語形容詞変化の歴史的発達（1）：ゴート語、ドイツ語、北ゲルマン語」　清水誠　北海道大学文学研究科紀要　155、2018
◦「ドイツ語語順の史的研究に向けて」　河崎靖　大阪市立大学・人文研究38巻１号、1986
◦「言語接触と言語変容－古英語・古ノルド語間の接触について」　松瀬憲司　熊本大学英語英文学　巻43、2000
◦「印欧語としての英語とドイツ語」　飯嶋一泰　一橋論叢　第109巻・第４号、1993
◦「後置修飾に用いられる単独の現在分詞－分布と頻度および意味的傾向を中心に」　古田八恵　四国大学紀要（A）41、2013
◦「後置修飾の定着を促す言語活動と文法指導の有効性に関する実証的研究」　横浜市立旭中学校教諭・奥村耕一　英検 第21回研究助成 報告書　B. 実践部門・報告Ⅳ　英語能力向上をめざす教育実践、2009
◦「中学校英語教育における基本的指導事項の検討（2）－後置修飾される名詞句の冠詞」　髙塚成信　岡山大学教育学部研究集録　83巻Ⅰ号、1990

（◦印の論文はネットで閲覧可能です）

# あとがき

最後に、本書の中でチラチラふれた「前置詞ユニット」について、ここでわかりやすく説明しておきましょう。

「話す英語」の武器としてのIAメソッドの基本フォーマットは、「逆転モード」です。日本人から見る英語を「逆転」の視点から理解することが「話す英語」を身につける最大のポイントだと考えます。文構造の側面において、英語が、日本語から見て、すべての面で逆転していることは第３章でわかってもらえたと思います。そして、英語がどうして、日本語とは「逆転した言語」になったのか、その歴史的理由も第２章の説明で納得してもらえたと思います。また序章と第１章では、自分がその「逆転」に気づくことになった実体験を紹介しました。つまり、本書の序章から第３章まで、すべてを「逆転」の視点から英語を理解することに努めました。

「メソッド」と銘打つためには、理論の整合性と正しさが実現されていなければなりません。と同時に、その理論が現実的効果を生み出すようになっていなければなりません。IAメソッドを「メソッド」として世に出した以上は、IAメソッドは、理論の正しさと実践的効果の両面を具えています。

はっきり言って、日本国内や海外には英語をペラペラ話す日本人がたくさんいます。しかし、そのたくさんいる日本人の中で、自分がペラペラ話している英語の話し方を、整合性のある理論として構築している人はどれだけいるでしょうか。まして、他人の話す英語をサポートするための普遍的理論として、しかも実践的効果を生み出せる方法として結晶させている日本人は、どれだけいるでしょうか。そう考えてほしいのです。そういう意味では、IAメソッドにまさる「話す英語」の「メソッド」が日本にあるとは思えません。

自慢ではないのです。そうではなく、IAメソッドの価値をきちんと世に理解してもらわなければならないと考えているのです。自分の頭はすでに英語脳になっていますし、決断力も西洋人に負けませんので、無意味な躊躇や謙遜はしません。もちろん日本人メンタルはきちんともっていますが、その中だけに自閉することもしません。必要なことなら積極的に自分からアピールします。まして今の時代は狂っていますから、狂った時流に流されることは絶対にありませんし、価値観や方向性を異にする人々の声に惑わされることもありません。そういうふうに、自己のスタンスを旗幟鮮明（きしせんめい）にすることが世に貢献することだと割り切っています。ですから、自分のつくったIAメソッドを自信なげに、謙遜しながら、まわりの目や反応を気にしながら語るようなことは一切しません。

ここは「あとがき」ですから、大胆に、ちょっと変わった説明をしてみます。

それは、このあとに続くIAメソッド実践編の内容に関しての説明です。

第1巻の『英語は肉、日本語は米』と、第2巻の本書『ひっくり返せば、英語は話せる』は、いわばIAメソッドの理論編でした。このあとの3冊は「話す英語」のための実践的テクニックの紹介です。

◉ IAメソッドの基本フォーマットは「逆転モード」です。この生成フォーマットには、二つの統語回路が組みこまれています。それは「拡大モード回路」と「叙述モード回路」です。この二つの回路はつねに基本フォーマットから「逆転」の基本指令を受けています。そして、「拡大モード回路」も「叙述モード回路」も、「日本語モードから英語モードに統語パターンを変えろ」との実行指令が入ると同時に、文を日本語とは真逆の原理で組み替えるプロセスを作動させます。「拡大モード回路」はSVO型の文をつくるときに有効ですし、「叙述モード回路」はSVC型の文をつくるのに有効です。もちろん、一方が主になって他方を従構造として取りこむことも頻繁に起こります。ですから、単純な線形性だけでなく、複雑な階層性や再帰性も楽々と実現します。文法原理は限りなく単純化されています。

◉そして、この二つの統語回路をつなぎ、支えているのが、「前置詞ユニット」と名づけた、表現素を生みだす言語駆動子です。この英語の表現駆動子は、「拡大モード回路」の中でも「叙述モード回路」の中でも、文を支えるミニマムな連結辞を文法規範に沿って生成します。表現上の多様性はこの駆動子自体が担っていますので、多数の「前置詞ユニット」が二つの回路に流れこむほど、英語の表現は無限に豊かになります。日本人が英語で思考するときは「逆転」の基本フォーマットが不可欠ですが、それだけではどうにもなりません。「拡大モード回路」と、「叙述モード回路」と、そしてもう一つ、この表現駆動子たる「前置詞ユニット」が必要なのです。この「前置詞ユニット」があることで、無限の表現単位が英語ロジックに沿って瞬時に生成され（generated）ます。英語における表現の無限性を担保しているのが、実は、「前置詞ユニット」と名づけた新しい文法概念です。発声器官とも連動していますので人の発話をも実現しています。

わざとChatGPT風を装って、戯画的なアナロジーを試みました。他意はありません。しかし、「前置詞ユニット」という言葉は大真面目な言葉です。この「前置詞ユニット」なる言葉は既存の英文法には存在しません。これは、IAメソッドが独自に考えた英文法の新概念です。しかも、日本人が即興で英語を話すには絶対に欠かせない概念です。考えてみますと、この概念をつかめなかったからこそ、日本人は150年間、英語が話せなかったのだと気づきました。この「前置詞ユニット」を意識化することにより、無限の英語表現を即興で、しかも口頭で生み出せるようになります。この「前置詞ユニット」の実体を説明し、使い方を修得してもらうのが本シリーズ３冊目、『英語は、前置詞で話すもの』の目的です。

IAメソッドは、既存の英文法の概念すら、日本人が英語を話すという目的のためならば、頓着せずに改変します。言語は話すための道具です。道具は工夫して使うために存在します。マニュアルのために道具が存在するのではありません。マニュアルは、その道具の使い方に合わせて書き換えられるべきです。英文法とは、しょせん、英語ネイティブが英語ネイティブのためにつくったマニュアルにすぎません。これまで、日本人が英語を話すのに必要な独自の英文法が、わが国にあったでしょうか？

川村悦郎（かわむら えつろう　ボニー・カワムラ）
北海道出身。熱血が抜けない団塊の世代。
現在：文明批評家、多言語速習国際研究所所長。
経歴：20年間フィリピン滞在、サント・トマス大学（UST）大学院准教授、KS メソッド普及財団理事長。
学歴：UST 大学院博士課程中退、東洋大学大学院修士課程仏教学修了、同大学文学部哲学科卒業。
業績：[日＆英］会話速習メソッド考案。
著書：『神軍の虐殺』（徳間書店）。訳書：『タントラ・ヨーガ瞑想法』『クンダリニーとは何か』（めるくまーる社）。
神奈川県在住。

【IA メソッド英語速習法 公式 HP】

＼**読者さま全員プレゼント**／
下記 QR コードからアンケートに
答えてくださった方に
英語力アップの秘訣を伝授する
特典をプレゼントします！

日本音楽著作権協会（出）許諾第2306468-301号

常識を覆す IAメソッド英語速習法
英語を話す人になる！② ひっくり返せば、英語は話せる
逆転モードを知ろう！

第一刷 2023年9月30日

著 者 川村悦郎

発行人 石井健資

発行所 株式会社ヒカルランド
〒162-0821 東京都新宿区津久戸町3-11 TH1ビル6F
電話 03-6265-0852 ファックス 03-6265-0853
http://www.hikaruland.co.jp info@hikaruland.co.jp
振替 00180-8-496587

本文・カバー・製本 —— 中央精版印刷株式会社
DTP —— 株式会社キャップス
編集担当 —— 遠藤美保・小澤祥子


ISBN978-4-86742-297-7

## ❖ 本書の著者＆ IA 英語メソッド（旧称：KS Method）の歩みと今後 ❖

デ・ベネシア、フィリピン下院議会元議長を訪問（左側著者）

著者が教鞭をとっていたサント・トマス大学（1611年設立）

理工系の頂点、マプア工科大学での講演（右端著者）

プールのあるクラブハウスで英会話セミナー開催（中央著者）

合宿を終えマニラへ戻る直前のショット。笑顔がすべてを語る

●マニラ首都圏で約10日の集中特訓セミナー。そのあとは、マニラから船で7時間の島へ行き、その島でさらに10日間のフィールドリサーチ。黙っていても英語脳ができあがる。

●たった３週間の英会話ブートキャンプ。日本の大学生達は「話す英語」「話せる英語」という垂涎の武器を手に入れた。そして悠々と大海原へ船出してゆきました。今どうしているか、きっと彼らは本書に気づき、また集まってくるでしょう。

**IA 英語メソッドのミッション**：①日本民族を「日／英」バイリンガル民族に変えます。②日本人を覇気のある国民に変え、世界平和を英語で語れる国民に変えます。③そのために、日本における「話す英語」教育の先頭に立ちます。④「英語を話せる日本人」を多数育てます。⑤それを指導できる英語教師を多数輩出します。⑥そのための教育コンテンツをどんどん開発します。

**IA 英語メソッドの戦術**：①各種講演会、短期セミナー、合宿セミナー、海外セミナーを実施します。②英語の先生たちと「新英語研究会（仮称）」を発足させ、日本の英語教育の土壌を変えます。③世界中に IA method のネットワークを広げます。勝ち馬に乗ることを英語では「バンドワゴンに跳び乗る」と言いますが、IA method は、これからの時代の Bandwagon です。

## ❖ IA 日本語メソッド（旧称：KS Method）の価値と今後 ❖

- IA method は **［日本語⇆英語］双方向**の語学速習 method です。
- IA 英語メソッドの普及につとめながら、**「IA 日本語メソッド」の普及**にも着手してゆきます。
- IA 日本語メソッドで日本語を学ぶのは、世界中の英語を話せる外国人です。
- IA 日本語メソッドは**英語で日本語を教えます**。ですから、**日本語教師は英語が話せることが絶対条件**です。
- IA 英語メソッドで「話す英語」を身につけると、高学歴者は、**IA メソッド日本語教師**への道も開きます。
- IA 日本語メソッドは、在来の日本語教育法の**10倍のスピード**で日本語を習得させます。
- このパフォーマンスは、IA メソッド日本語教師が、**世界中の大学や教育機関ではたらく**道を拓きます。
- IA method は、語学教育の**革命**です。その効果はすでに海外で実証済み。
- KS メソッド普及財団の在フィリピン時代、このメソッドを一番評価してくれたのが日本の**経済産業省**でした。

### IA メソッドで学ぶなら、日本語はたぶん、世界で一番やさしい言葉です

英語を話せる外国人なら、あっという間に、日本語を話せるようになります。
外国人は、日本語を話すと、メンタリティーが変わります。
優しく、穏やかになり、協調的で、攻撃性を消してゆきます。
その日本語を教えるイニシアティブを、日本人が握らないで、誰が握るのですか？
日本語は、人類平和の、おそらく究極のカギです。
そのカギをつかう原理は、IA メソッドのなかに、もっともシンプルな形で結晶しています。
世界の平和を先導するのは、［日／英］双方向語学教授法を身につけた日本人です。

### つまり、あなたが、IA メソッドで世界平和の扉を開きます

### ［日／英］IA メソッドをプロモーションするのは？

**株式会社ファーストエレメント**

ファーストエレメント社は「健康」「農業」「教育」の３つの分野で、日本や世界が直面する課題を解決し、地球を平和で安全な22世紀に導くコンサルティング企業です。ファーストエレメント社は、以下の３つの研究機関から構成されている高度な頭脳組織です。

**１．高濃度水素酸素研究所**

22世紀の地球文明を牽引する HHO Gas の日本唯一の研究所。HHO ガスは世間で騒がれている水素ガスとは次元の違うものです。応用分野は多岐にわたりますが、最も顕著な効果を示すのが人間の健康促進です。

**２．最先端農法研究所**

迫りくる食糧危機を克服する研究所。汚染のない安全な農産物をつくるための種々のプラントを開発しています。短期有機肥料プラント、良質の培土設計、循環型農業技術、HHO Gas ナノバブル水併用農法等。

**３．多言語速習国際研究所**

IA メソッドを開発する研究所。ここで開発された語学メソッドを組織的に国内・国外に発信するのはファーストエレメント社の任務です。種々のセミナーも同社が企画し実施します。セミナー、講演会、研究会など各種の活動内容はファーストエレメント社ホームページで確認できます。https://www.firstelement.online/　または右の QR コードからも可。

## 必読！ ヒカルランドパークメールマガジン!!

ヒカルランドパークでは無料のメールマガジンで皆さまにワクワク☆ドキドキの最新情報をお伝えしております！　キャンセル待ち必須の大人気セミナーの先行告知／メルマガ会員だけの無料セミナーのご案内／ここだけの書籍・グッズの裏話トークなど、お得な内容たっぷり。下記のページから簡単にご登録できますので、ぜひご利用ください！

◀ヒカルランドパークメールマガジンの登録はこちらから

## ヒカルランドの新次元の雑誌「ハピハピ Hi-Ringo」読者さま募集中！

ヒカルランドパークの超お役立ちアイテムと、「Hi-Ringo」の量子的オリジナル商品情報が合体！　まさに“他では見られない”ここだけのアイテムや健康情報満載の１冊にリニューアルしました。なんと雑誌自体に「量子加工」を施す前代未聞のおまけ付き☆　持っているだけで心身が“ととのう”声が寄せられています。巻末には、ヒカルランドの最新書籍がわかる「ブックカタログ」も付いて、とっても充実した内容に進化しました。ご希望の方に無料でお届けしますので、ヒカルランドパークまでお申し込みください。

量子加工済み♪

Vol.3 発行中！

**ヒカルランドパーク**
**メールマガジン＆ハピハピ Hi-Ringo お問い合わせ先**

- お電話：03－6265－0852
- FAX：03－6265－0853
- e-mail：info@hikarulandpark.jp
- メルマガご希望の方：お名前・メールアドレスをお知らせください。
- ハピハピHi-Ringoご希望の方：お名前・ご住所・お電話番号をお知らせください。

## 好評営業中！

あの本
この本
ここに来れば
全部ある

**ワクワク・ドキドキ・ハラハラが
無限大∞の8コーナー**

イッテル本屋（本とグッズ）
JR 飯田橋駅東口または地下鉄 B1出口（徒歩10分弱）
〒162-0821 東京都新宿区津久戸町3-11 飯田橋 TH1ビル7F
営業時間：11－17時　定休：月曜、セミナー開催日
facebook：https://www.facebook.com/itterubooks/
ホームページ：https://books.kagurazakamiracle.com/itterubooks